商君书

（东周） 商鞅／著

刘宝江／译著

华龄出版社
HUALING PRESS

图书在版编目（CIP）数据

商君书 / (东周) 商鞅著 ; 刘宝江译著. -- 北京 :
华龄出版社, 2022.10
ISBN 978-7-5169-2282-8

Ⅰ.①商… Ⅱ.①商… ②刘… Ⅲ.①商鞅变法
②《商君书》—译文 Ⅳ.①B226.24

中国版本图书馆CIP数据核字(2022)第096597号

策划编辑	冯 强		**责任印制**	李未圻	
责任编辑	郑 雍		**封面设计**	李 松	

书　名	商君书		作　者	（东周）商鞅	
出　版	**华龄出版社** HUALING PRESS			刘宝江　译著	
发　行					
社　址	北京市东城区安定门外大街甲 57 号		邮　编	100011	
发　行	（010）58122255		传　真	（010）84049572	
承　印	天津海德伟业印务有限公司				
版　次	2022 年 10 月第 1 版		印　次	2022 年 10 月第 1 次印刷	
规　格	880 mm x 1230 mm		开　本	1/32	
印　张	7		字　数	150 千字	
书　号	ISBN 978-7-5169-2282-8				
定　价	38.00 元				

前 言

　　商鞅，姬姓，公孙氏，名鞅，卫国国君的后代，又称卫鞅、公孙鞅，战国时期法家学派的代表人物。历史上对商鞅的评价褒贬不一，李斯、贾谊、司马迁、诸葛亮、苏轼等都发表过相关观点。褒也好贬也罢，有一点必须肯定，即商鞅在秦国主导的变法，是战国时期最为彻底的一次。

　　商鞅变法的精髓集中体现在其著作《商君书》中。《商君书》又称《商君》《商子》，现存26篇，其中两篇仅存篇名，内容已佚。既然是一部以变法为核心的著作，该书首先为读者阐述了在当时的条件下实行变法的理论基础。《更法》《算地》《修权》等篇中以尧、舜、商汤、周文王、周武王为例，讲述他们治理国家的方法各有不同，却都能成为天下的圣王，商鞅借古论今向秦孝公说明"治世不一道，便国不必法古"的道理。而在《开塞》中，商鞅从人类发展的不同阶段进行解读，

从而得出社会环境不同，治理国家的方法也要有所不同。也就是说，一个国家要想富国强兵，要想在战国纷争中搏杀出属于自己的一片天地，必须根据实际情况进行变法革新，一味地默守陈规，不是行走在衰弱的路上，就是像羔羊般任人随意宰割。

关于变法的内容，商鞅在书中给予详细解释，有些概念如同人体的经脉，始终贯穿其中。首先是"壹"，即统一、专一。如《赏刑》中的"壹赏，壹刑，壹教"讲的是君王对百姓奖赏、惩罚和教化的过程中，需要制度统一，对任何人都要一视同仁；《垦令》中的"上壹而平民"，《农战》中的"身作壹"，在告诉君王，贯彻法令时要坚持始终如一，不可半途而废；《垦令》中的"意必壹""民壹意"，强调要想把国家治理好，百姓的思想必须要统一。

其次是"农战"，即农业与军事，也是本书的重点，论述的也最多。《农战》中的"国之兴者，农战也"，"国待农战而安，主待农战而尊"，讲出农战对国家强盛的重要意义；《垦令》中提出的 20 项措施，无一不在抑制其他行业，让全国的百姓投入到农业生产中，说明农业是国家的根基，国家要想强大，必须大力发展农业；《画策》中的"民之见战也，如饿狼之见肉"，突出了商鞅治兵的基本思想。

　　再次是"法"，即法律、法令。《定分》中的"法令者，民之命也，为治之本也"，强调法在治理国家中的重要性；《去强》中的"以刑去刑""以法去法"，强调用刑罚的手段驱使百姓从事农战，用刑罚的手段杜绝百姓犯罪；《定分》中规定各级政府都专门设置负责推广和解释法令的官员，如果官员玩忽职守，对百姓提出的关于法律、法规的问题，不积极做出解答，就得治官员的罪。

　　"壹""农战""法"三位一体，构成商鞅变法的核心，也是《商君书》的精要所在，为后来秦国统一六国奠定基础。需要指出的是，《商君书》虽是一本记录变法内容的书籍，但对现代管理仍有借鉴意义。管理公司与治理国家具有共通性和相似性，一个公司要想在强手如林的商业竞争中做大做强，必然离不开"专一、赏罚和制度"，《商君书》在这方面做出很好的解释，只要能从中读懂它、理解它和应用它，对提升公司竞争力有巨大的帮助。对于个人而言，你也可以辩证地从中汲取智慧，把它转化为自我管理经验，于潜移默化中便提升了个人的自律，完善了个人的人格魅力。

　　另外，我们在注译《商君书》的过程中，参阅大量资料，

阅读不同版本的相关书籍，而所付出的努力，就是尽可能地给读者呈现一个高质量、高品质的版本。不可否认，注译时难免出现纰漏及不足，希望您能及时提出中肯宝贵的意见与建议。

当然，每个人因认知不同、知识结构不同、为人处世的方式不同，对本书的理解也不尽相同。相信每一位读者都能有所收获，因为它不仅仅是一本记录变法内容的书，更是为我们打开一扇了解先秦文化、历史、法律等方面的窗口。

目 录

更法第一

【题解】

　　更法就是变法，改变当前法律、法规及制度，对社会发展和国家强盛起到积极作用。春秋后期，秦国的社会生产和经济发展已经落后于其他国家。秦孝公即位时，司马迁在《史记·秦本纪》中说："周王室非常衰弱，诸侯相互交战，彼此吞并。秦国地处偏僻的雍州，不参与中原各国诸侯的盟会，中原诸侯用对待夷狄的方式对待秦国。"中原诸侯瞧不起秦国，秦孝公却将目光盯向中原，也想去中原分一杯羹吃一块肉。于是，他励精图治、奋发图强，任用商鞅变法强国。任何形式的改变，都会触及某些人的利益，商鞅变法亦如此，触动了旧贵族阶层的奶酪和既得利益，遭到旧势力的严重阻挠。

　　本篇记录了以商鞅为代表的改革派和以甘龙、杜挚为代表的保守派，围绕是否变法展开的激烈争论。文章中，商鞅极力鼓励秦孝公不要被世俗中的负面言论左右，应该尽快实施变法。商鞅指出，建立礼法的宗旨就是"爱民""便事"。因此，只要能强国利民的礼法制度都可以进行实施。针对保守派甘龙、杜挚提出的质疑，商鞅以"三代不同礼而王，五霸不同法而霸"的历史事实，说明变法的优势和好处，也只有通过变法

才能强国利民。商鞅还以"前世不同教，何古之法？帝王不相复，何礼之循"的观点来反驳保守派的迂腐论调，从而促使秦孝公下定决心，实施变法。

《更法》是存世《商君书》中唯一一篇论辩性文章，文中商鞅博古通今、以古论今，对前代历史进行归纳、分析，得出的结论有理有力有据，具有强大的说服力。通过雄辩，展现出商鞅的治世之才，也表现出法家的重要思想。因此，《更法》也是《商君书》中的经典篇章。

【原文】

孝公①平画②，公孙鞅③、甘龙、杜挚④三大夫御⑤于君。虑世事之变，讨正⑥法之本，求使民⑦之道。

【注释】

①孝公：秦孝公（前381年～前338年），嬴姓，赵氏，秦献公之子，战国时期秦国国君，公元前361年～前338年在位。秦孝公重用商鞅变法，为秦统一中国奠定了基础。②平画：讨论、谋划。③公孙鞅：商鞅（约前390年～前338年），姬姓，公孙氏，名鞅，卫国人。战国时期政治家、改革家、思想家、军事家，法家代表人物，卫国国君的后代。④甘龙、杜挚：此二人是秦孝公时期的大臣，生卒年和事迹不详。⑤御：侍候、侍奉。⑥正：修正。⑦使民：统治民众，使民众服从自己。

【译文】

秦孝公与大臣商议治国方略，公孙鞅、甘龙、杜挚三位大夫分别侍陪在秦孝公身边，君臣一起分析当今社会的变化，探讨依法治国的基本原则，寻求统治民众的手段。

【原文】

君曰："代立①不忘社稷②，君之道也；错法③务明主长④，臣之行也。今吾欲变法以治，更礼以教⑤百姓，恐天下之议⑥我也。"

【注释】

①代立：接替君王的位置。②社稷：社为土神，稷为谷神。古代君王都非常重视社稷，后来就用社稷表示国家。③错法：采取措施，订立法规制度。错，通"措"。④长：权威。⑤教：教化，教育感化。⑥议：批评、反对。

【译文】

秦孝公说："从先王那里继承王位后，国君要以国家社稷为重，这是当好一国之君必须履行的基本原则；国内实施变法，必须凸显出国君的权威，这是为臣之道。现在我想通过改变法律制度来治理国家，改变礼仪制度来教化黎民百姓，可是我担心天下的人因不理解我而反对我、批评我。"

【原文】

公孙鞅曰："臣闻之：'疑行无成，疑事无功①。'君亟定变法之虑，殆②无顾天下之议之也。且夫有高人之行者，固见

负③于世；有独知之虑者，必见骜于民。语曰：'愚者暗④于成事，智者见于未萌。''民不可与虑始，而可与乐成。'郭偃⑤之法曰：'论至德者不和于俗，成大功者不谋于众。'法者所以爱民也，礼者所以便事也。是以圣人苟可以强国，不法其故；苟可以利民，不循其礼。"

孝公曰："善！"

【注释】

①疑行无成，疑事无功：出自《战国策·赵策二》，原作为"疑事无功，疑行无名"。疑行、疑事，指做事犹豫不决。②殆：带有希望的语气副词。③负：背离，不赞同。④暗：看不到，不明了。⑤郭偃：晋文公时期的大臣，曾辅佐晋文公变法。

【译文】

公孙鞅说："我曾听到过这样的话，说：'行动迟疑不会有所成就，做事犹豫不决不会有效率。'国君不要犹豫迟疑了，赶快下定变法图强的决心，不要顾忌天下人如何议论您。更何况超出普通人理解范畴的行为，本身就会遭来世俗之人的反对和诽谤；独到的见解和想法，也一定会被普通人嘲笑和诋毁。俗话说：'愚钝的人在事情完成之后还不明白事情的真相与意义，富有智慧的人在事情还没有萌芽时就已经预测到事情的结果。'对于普通百姓而言，没有必要和他们探讨如何进行创新，但可以和他们一起欢庆事业的成功。郭偃的法书上说：'具有高尚道德的人从来不去附和世俗里的偏见，能成就大事的人不会和普通人商量事情。'法度，是用来爱护百姓的；礼制，是用来方便处理事情的。因此，圣明的国君治理国家，如果能使国家变得富强，就没有必要沿袭旧有的法度；如果能使百姓从中得到好处，就没有必要去遵循旧的礼制。"

秦孝公说："好！"

【原文】

甘龙曰："不然。臣闻之：'圣人不易民①而教，知者不变法而治。'因民而教者，不劳而功成；据法而治者，吏习②而民安。今若变法，不循秦国之故，更礼以教民，臣恐天下之议君，愿孰③察之。"

【注释】

①民：指民俗，"不易民"与后面的"不变法"进行对比。②习：熟悉，习以为常。③孰：同"熟"，认真仔细的意思。

【译文】

甘龙说："不是这样的，臣听说过这样的一句话，说：'圣明之人不去改变百姓习以为常的旧俗来施行教化，具有智慧的人不会改变旧有的法度来治理国家。'顺应百姓旧有的习俗对百姓进行教化，不用下太多的功夫就能够取得成就；按照旧有的法度来治理国家，官吏熟悉礼法，百姓也乐于接受。如果现在去改变法度，不去沿用秦国旧有的法律制度，非要改革礼制而教化百姓，我担心天下的人要批评和反对国君，希望国君要真正考虑这件事情。"

【原文】

公孙鞅曰："子①之所言，世俗之言也。夫常人②安于故习，学者③溺于所闻。此两者，所以居官④而守法，非所与论于法之外也。三代⑤不同礼而王，五霸⑥不同法而霸。故知者作法，而愚者制焉；贤者更礼，而不肖者⑦拘焉。拘礼之人不足与言事，制法之人不足与论变。君无疑矣。"

【注释】

①子：古代对他人的尊称，一般指男性。②常人：普通人，平庸的人。③学者：读书有学问的人。④居官：担任官职。⑤三代：指夏、商、周三个朝代。⑥五霸：春秋五霸，一般指齐桓公、晋文公、秦穆公、楚庄王、宋襄公。⑦不肖者：指缺乏能力，没有作为的人。

【译文】

公孙鞅说："您说的这些话，正是世俗中的肤浅言论。平庸之人喜欢固守陈俗陋规，读死书的人局限于自己听说过的事情中。这两种人，只能当官守法，不能同他们探讨改变旧法度的事情。夏、商、周这三个朝代的礼制均有所不同，却都能够称王于天下；春秋五霸的法治也有所不同，却能够称霸于诸侯。因此，有智慧的人能创制法度，愚昧的人只能接受法度的约束；贤能的人改革礼制，而缺少才能的人只能接受礼制的束缚。深受旧礼制约束的人，不能同他商讨国家大事；被旧法度限制的人，不能同他谈论变法。国君不要犹豫不决了。"

【原文】

杜挚曰："臣闻之：'利不百，不变法；功不十，不易器。'臣闻：'法古无过，循礼无邪①。'君其图②之！"

【注释】

①邪：同"斜"，倾斜、偏斜。②图：思考、考虑。

【译文】

杜挚说："臣听到过这样的话，说：'如果不会带来百倍的利益，就不要更改正在使用的法度；如果不会带来十倍的功效，就不要更换正在使用的器具。'我还听说：'效法古代的法度并没什么过错，继续使用旧有的礼制不会出现偏差。'国君应该认真考虑这件事情。"

【原文】

公孙鞅曰："前世不同教，何古之法？帝王不相复，何礼之循？伏羲①、神农②，教而不诛；黄帝③、尧、舜，诛而不怒；及至文④、武⑤，各当时而立法，因事而制礼。礼、法以时而定；制、令各顺其宜；兵甲器备，各便其用。臣故曰：治世不一道，便国不必法古。汤⑥、武之王也，不修古而兴；殷⑦、夏⑧之灭也，不易礼而亡。然则反古者未必可非，循礼者未足多是也。君无疑矣。"

【注释】

①伏羲：华夏民族的人文先始，三皇之一，与女娲同为福佑社稷之正神。楚帛书记载其为创世神，是中国最早的有文献记载的创世神。风姓，又名宓羲、庖牺、包牺、伏戏，亦称牺皇、皇羲，《史记》中称伏牺。相传他根据天地万物的变化，发明创造了占卜八卦，创造文字结束了"结绳记事"的历史。他又结绳为网，用来捕鸟打猎，并教会了人们渔猎的方法，发明了瑟，创作了曲子。②神农：古代传说中的三皇之一，农业和医药的发明者。③黄帝：中国古代部落联盟首领，五帝之首。黄帝被尊祀为"人文初祖"。在《山海经》里"黄帝"只是诸帝之一，直到春秋战国时期才被定于一尊。据说他是少典与附宝之子，本姓公孙，后改姬姓，也有说已姓。名轩辕，一说名轩。建都于有熊，亦称有熊氏。也有人称之为"帝鸿氏"。史载黄帝因有土德之瑞，故号黄帝。黄帝在位期间，播百谷草木，大力发展生产，始制衣冠、建舟车、制音律、作《黄帝内经》等。④文：指周文王姬昌（约前1152年~约前1056年），姬姓，名昌，岐周（今陕西岐山县）人。周朝的奠基者。⑤武：周武王姬发，周文王姬昌与太姒的嫡次子，约公元前1056年，文王崩逝，姬发继位，号为武王。约公元前1046年，武王联合庸、蜀、羌、髳卢、彭、濮等部族，讨伐暴君纣王统治下的商朝，是为牧野之战。殷商大败，纣王自焚于鹿台，殷商灭亡。周王朝建立，定都镐京（今陕西西安西南）。约公元前1043年，周武王驾崩，葬于周陵，为后世尊崇为古代明君。⑥汤：商汤，即成汤，子姓，名履，又名天乙，河南商丘人。汤是契的第十四代孙，任用伊尹灭掉夏桀，建立

商朝。⑦殷：朝代名，即商朝。公元前16世纪商汤灭掉夏朝，建立商朝，后来商王盘庚把都城迁到殷地而得名，公元前11世纪被周武王所灭。⑧夏：朝代名，相传夏后氏部落首领禹的儿子启所建立，是我国历史上第一个奴隶制国家，改禅让制为世袭制，约公元前16世纪被商所灭。

【译文】

公孙鞅说："以前各个朝代的法度和礼制都各不相同，我们该效法哪个朝代的法度和礼制呢？古代帝王使用的法度后人不去继承，又有什么样的礼制可以用来遵循呢？伏羲、神农，教化百姓不施以刑法；黄帝、尧、舜，教化百姓虽然使用刑罚但不过分；到了周文王、周武王时，他们各自根据社会发展的形势制定法度，根据国家发展的具体情况制定礼制。礼制和法度都是根据实际情况进行制定，法制和命令都是适应社会的发展而制定，兵器、铠甲、器具和装备都是根据方便使用而制造的。所以，臣想说的是，把国家治理好并非一种方法，对国家有利并非就要效法古人。商汤、周武王之所以称王于天下，并不是因为他们遵循古代法度才兴旺发达的；殷商和夏朝的灭亡，也不是由于他们更改旧的礼制而导致的。既然如此，违背旧法度的人，不一定遭到责难和非议；遵循旧礼制的人，不一定值得肯定。关于变法，国君不要再迟疑了。"

【原文】

孝公曰："善！吾闻穷巷①多怪，曲学②多辨③。愚者之笑，智者哀焉；狂夫之乐，贤者丧焉。拘世以议，寡人不之

疑矣。"

于是遂出《垦草令》④。

【注释】

①穷巷：地理位置处于偏僻的巷子。②曲学：囿于一隅之学。③辨：通"辩"，争辩。④《垦草令》：秦孝公颁布的改革法令，内容是鼓励和督促农民开荒种地，详情见下一篇。

【译文】

孝公说："好。我听说居住在穷僻小巷里的人大多少见多怪，学识浅薄的人偏好争辩。愚昧无知的人所嘲笑的事，正是有智慧的人所悲哀的事；让狂妄的人感到高兴的事，正是有才能的人所担忧的事。对于那些带有世俗偏见的言论，我不再因为它们而疑惑变法的事了。"

于是，秦孝公颁布了关于开垦荒地的法令。

垦令第二

【题解】

垦令，顾名思义是开垦荒地的法令。秦孝公颁布《垦草令》，商鞅当时推行的第一道法令就是《垦草令》。但是，现当代大多数研究者认为，本篇不是《垦草令》的原文，仅仅是商鞅关于垦荒所提出的建议和方案。

关于垦荒，本篇中共提出二十条措施及对这些措施的论证和解释。各条措施相对独立，彼此之间缺乏严密的逻辑关系，归纳起来主要有：整顿吏治、统一法规，避免百姓遭到居心叵测官员的盘剥，从而起到稳定民心的作用；利用提高赋税的手段，迫使士大夫贵族的子女以及依附他们的食客和仆役参与农业生产；缩小经营项目，提高商人的赋税，让商人无利可图，迫使商人放弃经商，转而从事农业生产；严格控制百姓的居、行、言论等，让他们没有其他想法，一门心思从事农业生产；等等。很显然，《垦草令》的根本目的就是从社会生活的各个方面对百姓加以限制，把百姓集中到农业生产上。

当时的社会环境中，粮食在国家安全中具有举足轻重的地位，商鞅抓住"民以食为天"的根本问题，从根源上实施变法。本篇中的一些措施，对中国社会抑商重农，产生重大影

响，是中华农耕文明的一个生动写照。从中我们不难发现，本篇中鼓励的政策很少，强制的手段很多，显示出商鞅大刀阔斧变法的态度。

【原文】

无宿①治，则邪官②不及为私利于民。而百官之情③不相稽④，则农有余日⑤；邪官不及为私利于民，则农不败⑥。农不败而有余日，则草必垦矣。

【注释】

①无宿：无，通"毋"，表示禁止、杜绝、不允许的意思。宿，隔夜的，这里指拖延。②邪官：居心不良、有私心的官员。③情：事情。④稽：滞留。⑤余日：多余的日子，这里指空闲的时间。⑥败：毁坏、破坏，这里指农民被盘剥。

【译文】

官吏不允许留下过夜的政务，这样的话，内心藏有邪念的官吏就没有空闲时间跑到百姓那里为自己谋取私利。所有官吏都不拖延公务，农民就有充足的时间进行耕地；内心藏有邪念的官吏没有时间到农民那里谋取私利，那么农民的利益就不会受到损害。农民的利益没受到损害，则会有更多的时间用在耕田种地上，那么荒地一定能够得到开垦。

【原文】

訾粟①而税，则上壹②而民平。上壹则信；信则臣不敢为邪。民平则慎③，慎则难变。上信而官不敢为邪，民慎而难变，则下不非上，中不苦④官。下不非上，中不苦官，则壮民疾农不变。壮民⑤疾农不变，则少民⑥学之不休。少民学之不休，则草必垦矣。

【注释】

①訾（zī）粟：计量亩产量。訾，计算、衡量。粟，一种可以食用的粮食作物，我国北方称为"谷子"，去皮后叫"小米"，古代用于泛指谷类。②壹：统一、一致。③慎：通"顺"，心情舒畅。④苦：担心、担忧。⑤壮民：指老一辈的人。⑥少民：指少一辈的人。

【译文】

按照粮食的产量进行征收地税，国家的田赋制度就能得到统一，农民承担的田赋才会公平。田赋制度的统一，就使百姓对政策有了明确的认知；百姓对政策有了明确的认知，官吏就不敢在百姓那里谋取私利。百姓在田赋上有了公平感，他们就会行事谨慎；百姓行事谨慎，也就不会产生变化。国家的田赋制度明确而官吏不敢谋私，百姓行事谨慎而不易生出异心，那么百姓上不会对国君产生不满，中间不会担心官吏的盘剥。百姓上不会对国君产生不满，中间不用担心官吏的盘剥，那么老一辈的人就会积极地进行农业生产而不去从事其他行业。老一辈人积极地进行农业生产，后代的人也必然会一辈接一辈地效

仿前一辈。后代不断效仿前人积极从事农业生产，那么荒地就一定能够得到开垦。

【原文】

无以外权①爵任与官，则民不贵学问，又不贱②农。民不贵学则愚，愚则无外交，无外交则勉农而不偷。民不贱农，则国安不殆③。国安不殆，勉④农而不偷，则草必垦矣。

【注释】

①外权：古代指其他诸侯国的势力和权势。②贱：这里指轻视。③殆：危险的意思。④勉：积极努力。

【译文】

不要因为外部权势的因素而给某些人加官进爵，这样的话百姓就不会重视学问，也不会轻视农业生产。百姓不重视学问就不尊贵，自然就愚昧；百姓愚昧而缺乏见识，就不会到外部去交游。百姓不到外部去交游，国家就不会出现危险。百姓不轻视农业，则会努力从事农业生产而不偷懒。国家的安全就不会有危险，百姓全身心投入到农业生产中而不去偷懒，那么荒地一定能够得到开垦。

【原文】

禄厚而税多，食口①众者，败农者也。则以其食口之数赋②而重使③之，则辟淫游惰之民④无所于食。无所于食，则必农，农则草必垦矣。

【注释】

①食口：指依附于豪门贵族的食客。②赋：指收税。③使：这里指徭役。④辟淫游惰之民：这里指游手好闲的人。

【译文】

贵族士大夫的俸禄很高并且还收很多的税，门下的食客人数众多，他们的存在严重危害到农业生产。就要根据他们蓄养的食客的数量征收赋税，并且加重他们的徭役，那么这群好吃懒做、游手好闲的人就没有混饭吃的地方了。这些游手好闲的人没地方混饭吃了，必然去从事农业生产，那么荒地一定能够得到开垦。

【原文】

使商无得籴①，农无得粜②。农无得粜，则窳惰③之农勉疾。商不得籴，则多岁④不加乐。多岁不加乐，则饥岁⑤无裕利。无裕利，则商怯⑥；商怯，则欲农。窳惰之农勉疾，商欲农，则草必垦矣。

【注释】

①籴（dí）：买入谷物。②粜（tiào）：卖出谷物。③窳（yǔ）惰：懒惰的意思。窳，偷懒。④多岁：指丰收之年。⑤饥岁：指荒年。⑥怯：顾虑、担心。

【译文】

不允许商人买粮食，不允许农民卖粮食。不允许农民卖粮食，那些懒惰的农民就会积极务农。不允许商人买粮食，丰收之年就不能靠卖粮食来获取丰厚的利润，饥荒之年更不能获得丰厚的利润。不能获得丰厚的利润，商人对经商产生顾虑；有了顾虑，就会想到去务农。懒惰的农民积极从事生产，商人也想着耕田种地，那么荒地一定能够得到开垦。

【原文】

声服①无通于百县②，则民行作③不顾，休居④不听。休居不听，则气不淫⑤。行作不顾，则意必壹⑥。意壹而气不淫，则草必垦矣。

【注释】

①声服：声，声音，指靡靡之音。服，服装，指奇装异服。②百县：古代指一个国家的各个郡县。③行作：这里指农民在田间劳动。④休居：在家里休息。⑤淫：精神涣散萎靡。⑥壹：专心、专一。

【译文】

用于享乐的音乐和奇装异服不允许在各个郡县流行，农民耕田种地时就不会看到奇装异服，在家里休息时就不会听到靡靡之音，精神和意志也就不会涣散。外出劳作时看不到奇装异服，心思就会专注于农业生产上，心思专一并且意志不涣散，那么荒地一定能够得到开垦。

【原文】

无得取庸①，则大夫家长②不建缮③，爱子④不惰食，惰民不窳，而庸民无所于食，是必农。大夫家长不建缮，则农事不伤。爱子、惰民不窳，则故田⑤不荒。农事不伤，农民益农，则草必垦矣。

【注释】

①庸：通"佣"，雇佣。②家长：指家主，春秋时期专门对卿大夫的称谓。③缮：维修房屋。④爱子：通常指大夫、家主的子女。⑤故田：指已经开垦好的田地。

【译文】

不允许雇用佣工，那么大夫、家主就不会修缮自家的房屋，他们家中平时娇生惯养的儿女就失去不劳而食的机会，懒惰的人也不能再偷懒，那些靠给人做佣工的人也就失去了混饭吃的机会，这样的话他们会从事农业生产。大夫、家主不修建房屋院落，那么农业生产就不会受到影响。大夫、家主的子女和懒惰的人不偷懒了，那么原本归属于他们耕作的田地就不会荒芜了。农业没有受到危害，农民就更加努力地从事生产了，荒地就一定能够得到开垦。

【原文】

　　废逆旅①，则奸伪、躁心、私交、疑农之民②不行。逆旅之民无所于食，则必农。农，则草必垦矣。

【注释】

　　①逆旅：指旅馆客店。②奸伪、躁心、私交、疑农之民：分别指偷奸耍滑、内心浮躁、喜欢到处游玩、不专心从事农业生产的人。

【译文】

　　关闭旅馆客店，那些偷奸耍滑的、不安心本职工作的、喜欢到处游逛的、对农业生产犹豫不定的人就不会再到处闲逛。那些开旅馆客店的人失去了营生，那么他们只好去务农。这些人都投入到农业生产中，荒地就一定能够得到开垦。

【原文】

　　壹①山泽，则恶农、慢惰、倍欲②之民无所于食。无所于食，则必农。农则草必垦矣。

【注释】

　　①壹：统一，意思是收回国有。②倍欲：加倍贪婪。

【译文】

　　国家对山林、湖泽进行统一管理，那些不愿从事农业生产、性情懒惰、贪婪十足的人就失去了吃饭的营生。失去了吃饭的营生，他们必须选择去从事农业生产。这些人都去耕田种地，荒地就一定能够得到开垦。

【原文】

贵酒肉之价，重其租，令十倍其朴①，然则商贾②少，农不能喜酣奭③，大臣不为荒饱④。商贾少，则上不费粟⑤。民不能喜酣奭，则农不慢。大臣不荒，则国事不稽⑥，主无过举⑦。上不费粟，民不慢农，则草必垦矣。

【注释】

①朴：这里指成本。②商贾（gǔ）：商人，从事经商的人。③酣奭（shì）：过度饮酒。酣，似醉非醉。奭，过多，超出范围。④荒饱：大吃大喝，没有限度。荒，放纵。⑤商贾少，则上不费粟：此句指卖酒肉的商人少了，用于酿酒和平时胡吃海喝而浪费的粮食就少了。⑥稽：拖延、滞留。⑦过举：错误的举动、措施。

【译文】

提高酒肉等奢侈品的价格，对这些物品增收重税，让税收十倍于它的成本价，如果是这样的话，卖酒、肉等物品的商人因无利可图就会减少，农民就没有地方饮酒作乐，官员们也就不会因吃喝玩乐而荒废了政事。从事酒肉生意的商人少了，那么国家的粮食就会减少浪费。农民没有地方饮酒作乐，他们就不会懒惰。官员们不吃喝玩乐，国家的政事就不会被无故拖

延，国君也就不会颁布错误的措施。国家的粮食减少浪费，农民不放松农业生产，荒地就一定能够得到开垦。

【原文】

重刑①而连其罪②，则褊急③之民不讼，很刚④之民不斗，怠惰之民不游，费资之民⑤不作，巧谀⑥、恶心⑦之民无变也。五民者不生于境内，则草必垦矣。

【注释】

①重刑：加重处罚的力度。②连其罪：指连坐，因他人犯罪而使与犯罪者有一定关系的人连带受到刑罚。③褊（biǎn）急：指心胸狭隘，性情暴躁。④很刚：残暴乖戾。很，"狠"的古字。⑤费资之民：指喜欢奢侈浪费的人。⑥巧谀：花言巧语，形容很会说话。⑦恶心：居心不良，心怀叵测。

【译文】

加重处罚的力度，并且建立起连坐制度，让他们相互监督，倘若一个人犯了罪，其他人就会受到牵连，一起遭到处罚，那么，那些心胸狭隘、性情暴躁的人就不敢胡作非为、争吵斗嘴了；那些凶狠强悍、残暴乖戾的人就不敢打架斗殴了；那些性情懒惰的人就不敢四处游荡了；那些奢侈浪费的人就不敢肆意挥霍了；那些花言巧语、居心不良的人就不敢行骗欺诈了。这五种人在国内不再随便胡来，荒地就一定能够得到开垦。

【原文】

使民无得擅徙①，则诛愚②。乱农农民无所于食而必农。愚心、躁欲之民壹意，则农民必静③。农静、诛愚，则草必垦矣。

【注释】

①徙：迁徙、搬迁。②诛愚：思想愚昧、反应迟钝。③静：这里指安稳，内心没有其他想法。

【译文】

不能让百姓随便搬迁，他们会因消息闭塞而思想愚昧、反应迟钝。而那些不安心从事农业生产的人就失去了混饭吃的地方，必然选择从事务农。愚昧无知、心思不安的人专心从事农业生产，那么农民也一定能安心务农，荒地就一定能够得到开垦。

【原文】

均出余子①之使令，以世②使之，又高其解舍③，令有甬官④食，概⑤。不可以辟⑥役，而大官未可必得也，则余子不游事人⑦，则必农。农，则草必垦矣。

【注释】

①余子：这里指奴隶主、士大夫所生的孩子中，除嫡长子以外的其他孩子。②世：出身的意思。③解舍：免掉、免除兵

役和徭役。④甬官：负责主管徭役的官员。⑤概：量米时用来把米刮平的器具，使米与量器口持平。这里引申为刮平，不使之过量。⑥辟：指逃避，通"避"。⑦事人：这里指名门望族的家臣，以求逃避徭役。

【译文】

统一颁布关于卿大夫、贵族嫡长子以外的其他子弟服兵役、徭役和征收税赋的法令，依据他们的出身服不同等级的徭役。提高他们免除服徭役的门槛，让他们从负责掌管徭役的官吏那里领取相应的粮食，不能照顾他们而多分给他们。不能逃避应该服的徭役，也不能通过游历的方式结交权贵而去当大官，那么这些卿大夫、贵族的子弟就不能再借助四处游历而去投靠权贵，而是选择务农。这些人从事农业生产，荒地就一定能够得到开垦。

【原文】

国之大臣诸大夫，博闻、辨慧①、游居②之事，皆无得为，无得居游于百县，则农民无所闻变③见方。农民无所闻变见方，则知农无从离其故事，而愚农不知④，不好学问。愚农不知，不好学问，则务疾农。知农不离其故事⑤，则草必垦矣。

【注释】

①辨慧：善于巧辩，能言善辩。②游居：在外面周游。③变：通"辩"。④知：同"智"，才智，有头脑。⑤故事：旧事或旧业。故，过去的。

【译文】

国家的大臣及各个大夫们，不允许做那些有关博学多闻、能言善辩、到处周游之类的事情，不允许到各个郡县去居住游说，这样的话农民就听不到各种各样的见闻，也就无法增长见识。农民没地方听到各个见闻不能增长见识，即便头脑里有想法的农民也没办法脱离他原来从事的农业生产，对于那些愚昧的农民因接触不到新鲜事物就会更加无知，更加不喜欢学问。愚昧的农民越是无知，越不喜欢学问，就会把精力全部投入到生产劳动中。头脑有些想法的农民没办法摆脱他原先所从事的农业生产，荒地就一定能够得到开垦。

【原文】

令军市①无有女子，而命其商令人自给甲兵，使视军兴②。又使军市无得私输粮者，则奸谋无所于伏③，盗粮者无所售④，输粮者不私稽⑤，轻惰之民不游军市。盗粮者无所售，送粮者不私稽，轻惰之民不游军市，则农民不淫⑥，国粟不劳⑦，则草必垦矣。

【注释】

①军市：军人所使用的专有市场。②兴：动态，动向。③伏：隐蔽，躲藏。④售：出售，卖出去的意思。⑤稽：储藏，储存。⑥淫：迷惑。⑦劳：耗损。

【译文】

军队中的市场内不允许有女子出入，还要命令那些在军队

市场内做买卖的商人给军队准备好铠甲兵器，让他们时刻关注军队的动向。还要让军队内部的市场中不允许有私自运输粮食的人，那么有些想打粮食主意的举动就无法隐藏了，偷盗军粮的人没办法把军粮卖出去，运送粮食的人也没办法隐藏粮食了，那些游手好闲、好吃懒做的人就不会到军中的市场里游荡了。偷盗军粮的人没办法把军粮卖出去，运送粮食的人没办法私自存储粮食，游手好闲、好吃懒做的人不到军中的市场里游荡了，那么农民就不会产生困惑，国家的粮食就不会担心损耗掉，荒地就一定能够得到开垦。

【原文】

百县之治一形，则徙迁^①者不饰，代者^②不敢更其制，过而废^③者不能匿其举。过举不匿，则官无邪人。迁者不饰，代者不更，则官属^④少而民不劳。官无邪，则民不敖^⑤。民不敖，则业不败。官属少，则征^⑥不烦。民不劳，则农多日。农多日，征不烦，业不败，则草必垦矣。

【注释】

①徙迁：这里指官职发生变动，调职或升迁。②代者：这里指接替职务的官员。③废：这里指免去官职。④官属：官员的随从人员。⑤敖：游玩，这里指离开故土，到别的地方。⑥征：这里指赋税。

【译文】

全国各个郡县的政令和管理制度必须保持一致，这样的话到期离任的官员或升迁的官员就无法通过弄虚作假的手段来美化自己的政绩，接任的官员也不能随意更改已经存在的规章制度，犯了错而遭到罢免的官员也就无法隐藏自己的错误。官员的错误行为无法隐藏，那么官员中就不会有心术不正的人了。升迁的官员不能美化自己，接任的官员不能更改现行的规章制度，那么官员的随从人员就会越来越少，农民的负担就不会加重。官员中没有心术不正的人，农民就不必担心离开故土而到其他地方去躲避。农民不用背井离乡、四处躲避，那么农业生产就不会受到损害。官员的随从人员减少了，那么对农民征收的赋税就相对减少。农民的负担减轻了，他们从事农业生产的时间也就多了。农民从事农业生产的时间多了，征收的税赋又不繁重，荒地就一定能够得到开垦。

【原文】

重关市①之赋，则农恶商，商有疑②惰③之心。农恶商，商疑惰，则草必垦矣。

【注释】

①关市：建立在交通要道上的集市。②疑：怀疑、疑虑，这里指缺乏信心。③惰：懒惰，行动不积极。

【译文】

对交通要道上的集市中的商品，要加重税收，这样的话农民就不敢随便经商了，商人则对经商有了怀疑态度。农民不敢随便经商，商人对自己所从事的行业缺乏自信心，荒地就一定

能够得到开垦。

【原文】

以商之口数使^①商，令之厮、舆、徒、重^②者必当名^③，则农逸而商劳^④。农逸，则良田不荒；商劳，则去来赍^⑤送之礼无通于百县。则农民不饥，行不饰。农民不饥，行不饰，则公作^⑥必疾，而私作不荒，则农事必胜。农事必胜，则草必垦矣。

【注释】

①使：役使，这里指摊派徭役。②厮、舆、徒、重：均指仆役的别称。重，通"童"。③当名：与户口登记的相一致。④农逸而商劳：古代规定，只有当仆役的人可以不按照户口上的登记进行服役。而商鞅规定，商人家中养的仆役必须按照户口上的登记进行服役，从而加重了商人的负担。⑤赍（jī）：赠予，赠送。⑥作：劳作，耕种。

【译文】

按照商人家庭中的人口数量进行摊派徭役，他们家中养的厮、舆、徒、重等仆役一定要按照在官府那里登记注册的情况进行服徭役，这样的话农民的负担就会相对减轻而商人的负担就会相对加重。农民的负担减轻了，田地就不会出现荒芜的情况；商人的负担加重了，就不会来往各地疲于送礼。如果这样的话，那么农民就不会忍饥挨饿，出门也不用讲排场了。农民能吃饱肚子，不忍饥挨饿，出门做事也不讲排场，他们就一定能够积极努力地耕作公田，同时私田也不会荒芜，那么农业生产就会向好的方向发展。农业生产发展好了，荒地就一定能够得到开垦。

【原文】

令送粮无取僦①，无得反庸②，车牛舆重③，役必当名。然则往速徕疾，则业④不败农。业不败农，则草必垦矣。

【注释】

①僦（jiù）：雇佣车辆。②反庸：即返佣，车辆返回时揽载私货。反，通"返"，返回。庸，同"佣"，雇佣。③舆重：指车载着很重的物品。④业：这里指运量之事。

【译文】

下令但凡运送粮食不能雇用其他人的车辆，更不允许车辆在返回时私自拉运其他物品。车、拉车的牛、车子的载重量，服役时一定要与注册登记时的保持一致。如果这样的话，那么运送粮食的车辆就能快速往返，运送粮食的这个环节就不会耽误农业生产。运送粮食的环节不耽误农业生产，荒地就一定能够得到开垦。

【原文】

无得为罪人请于吏而饟①食②之，则奸民③无主。奸民无主，则为奸不勉④。为奸不勉，则奸民无朴⑤。奸民无朴，则

农民不败。农民不败，则草必垦矣。

【注释】

①饟：通"饷"，送饭。②食（sì）：使……吃。③奸民：违反法律的人。④勉：勉励，鼓励。⑤朴：这里指根。

【译文】

不允许为犯人向官员求情并且还不允许给他们送食物吃，这样的话违法乱纪的人就没有了依靠。违法乱纪的人没有了依靠，那么他们就失去了做坏事的劲头。做坏事没了劲头，那么违法乱纪的人就没了根儿。违法乱纪的人没了根儿，那么农民就不会受到他们的伤害。农民不再受到他们的伤害，荒地就一定能够得到开垦。

农战第三

【题解】

农战亦称耕战，战国时主张重农重战的思想和政策。重农，使农民力耕，以保证国家租税收入；重战，使战士拼死作战，以保证对外战争的胜利。

商鞅认为重视农业和军事是一个国家走向富强的必由之路，他把农业和战争结合起来，形成了一个新的经济范畴。在他的这种理念中，要实现国家的富足，政权的巩固，不仅要重视农业生产，而且要强化军事实力。重农才能富国，重战才能强兵。富国强兵，农战缺一不可。"国之所以兴者，农战也。""国待农战而安，主待农战而尊。"只有对内使民众尽力于农业，辟草垦田，多致粟帛，对外使民众勇于克敌制胜，开疆拓土，才能达到强国的目标。农业的发展是进行战争的基础，只有农民才能提供粮食和兵源。所以说"圣人知治国之要，故令民归心于农"。

为了保证农战政策的贯彻，商鞅采取了一系列政治和经济的措施奖励农战：（1）"做壹而得官爵"，即不通过农战，不可能得到官位。（2）实行"徕民政策"以增加农业人口，招徕国外的人来秦国开荒种地，增加社会财富。（3）主张发展小农经

济。（4）奖励努力从事耕织的人。（5）对上交余粮的人给予官爵，以增加国家的粮食储备。（6）提高粮食价格，增加农民的利益。（7）实行有利于农业的租税政策。

商鞅的农战思想，为秦国的富强奠定了基础，也给中国历史带来了极其深远的影响。继商鞅之后，战国末期的大思想家韩非也力主农战，认为"富国以农，距敌恃卒"，把农战看成是富国强兵的关键，其最终目的是要做到"无事则国富，有事则兵强"。

秦汉以后，随着历史条件的变化，农战政策也逐渐演变为军屯。最早提出在边疆实行军屯的是晁错，后曹操也建置屯田。屯田兵有事打仗，无事种田，既保证了经济，又巩固了国防，可谓一举两得。

【原文】

凡人主之所以劝①民者，官爵也。国之所以兴者，农战也。今民求官爵，皆不以农战，而以巧言虚道②，此谓劳③民。劳民者，其国必无力；无力者，其国必削。

【注释】

①劝：鼓励，勉励。②虚道：空洞而无用的说教。③劳：懒怠、懒惰。

【译文】

国君用来鼓励百姓的，通常是官职和爵位。国家之所以能够强盛，它的根本是农业和军事。现在民众获得的官职和爵位，不是通过农业生产和军事作战而得到的，基本上都是通过花言巧语和空洞而无用的说教所取得的，这势必会导致百姓产生懈怠情绪。使百姓懈怠的国家，统治势必软弱无力。统治软弱无力的国家，它的国力自然就会削弱。

【原文】

善为国者，其教民也，皆作壹①而得官爵，是故不②作壹，不官无爵。国去言则民朴，民朴则不淫③。民见上利之从壹空④出也，则作壹；作壹，则民不偷营⑤。民不偷营，则多力。多力，则国强。今境内之民皆曰："农战可避，而官爵可得也。"是故豪杰皆可变业，务学《诗》《书》，随从⑥外权，上可以得显⑦，下可以求官爵；要靡⑧事商贾，为技艺，皆以避农战。具备⑨，国之危也。民以此为教者，其国必削。

【注释】

①作壹：做事专一。这里专指农战。②不：无。③淫：恣意放纵。④壹空（kǒng）：指一空，一途。⑤偷营：这里指偷偷经营农战以外的事情。⑥随从：追随，跟随。⑦显：荣耀，荣誉。⑧要靡：这里指平庸之人。⑨具备：意思是以上的情况都出现。

【译文】

善于治理国家的国君，他教化民众，基本上都是要求他们专心农战而给他们官职和爵位。因此那些不专心农战的民众，就没有机会得到官职也没有机会得到爵位。一个国家的高层拒

绝空谈民众就朴实，民众朴实就不会恣意放纵。民众看到国家给予人们的奖赏都是来源于农业生产和军事战争，就不会私下里想着从事其他事情。民众私下里不谋求其他事情，他们从事农业生产和军事战争的力量就会增强。他们这方面的力量增强，国家的力量也就随之强大。现在国内的民众有一种言论，说："农业生产和军事作战是可以逃避的，官职和爵位同样可以通过其他途径获取。"所以国内的一些豪杰之士不惜改变自己以前所从事的行业，转而专门学习《诗》《书》，想尽办法与国外的权势搞好关系，这样的话，优秀的可以得到高位，次一点的也能混个一官半职；而那些平庸之人有的去经商，有的搞手工业，他们凭借这些方式来规避农业生产和军事作战。以上的情况如果一一出现，国家就要出现危险。国君用以上两种方式来教化民众，他的国家实力一定会逐渐削弱下去。

【原文】

善为国者，仓廪虽满，不偷①于农；国大民众，不淫于言。则民朴②壹。民朴壹，则官爵不可巧而取也。不可巧取，则奸不生。奸不生，则主不惑。今境内之民及处官爵者，见朝廷之可以巧言辩说取官爵也，故官爵不可得而常③也。是故进则曲主④，退则虑私，所以实其私⑤，然则下卖权⑥矣。夫曲主虑私，非国利也，而为之者，以其爵禄也；下卖权，非忠臣也，而为之者，以末⑦货也。然则下官之冀⑧迁者皆曰："多货，则上官可得而欲也。"曰："我不以货事上而求迁者，则如以狸饵鼠尔，必不冀矣；若以情⑨事上而求迁者，则如引诸绝绳而求乘枉木⑩也，愈不冀矣。二者不可以得迁，则我焉得无下动众取货以事上而以求迁乎？"百姓曰："我疾农，先实公仓，收余以食^⑪亲。为上忘生而战，以尊主安国也。仓虚，主卑，家贫。然则不如索官。"亲戚交游^⑫合^⑬，则更虑矣。豪杰务学《诗》《书》，随从外权；要靡事商贾，为技艺，皆以避农战。民以此为教，则粟焉得无少，而兵焉得无弱也？

【注释】

①偷：偷懒，这里指松懈。②朴：专一，一门心思。③常：这里指加官进爵的法典。④曲主：曲意迎合奉承国君。⑤实其私：满足私欲。⑥卖权：这里指玩弄权术。⑦末：追逐。⑧冀：希望。⑨情：实际情况。⑩枉木：弯曲的树木。⑪食（sì）：奉养，供养。⑫交游：聚集在一起。⑬合：统一，达成一致。

【译文】

善于治理国家的国君，尽管粮仓内堆满粮食，也不会放松国家的农业生产；尽管国家的土地非常多、人口非常多，也不会让空洞的言论四处传播，这样的话民众就能专心致志地从事于农战。民众专心致志地从事于农战，那么官职和爵位就无法用花言巧语来获取。无法用花言巧语来获取官职和爵位，那么狡猾奸诈的人就不会出现。狡猾奸诈的人不会出现，国君就不会因此而受到迷惑。现在举国上下的民众和当官的人，看到朝廷中可以通过巧妙的空谈、诡辩的说教来获取官职和爵位，所以就认为官职和爵位不可能通过国家制定的用人制度来获得。因此内心存在这种认识的人上朝便对国君曲意逢迎，下朝回家后挖空心思来满足自己的私欲，如此一来，他们就会私下玩弄权术。对国君曲意逢迎为自己谋取私利，对国家有害无益，而

他们之所以这样做，就是为了得到爵位和更多的俸禄；私下玩弄权术，就是对国家的不忠，他们之所以这么做，其目的就是追求财产和利益。如果是这样的话，下面希望升迁的官员就会说："只要财产多了，就可以得到想要的高官。"并且还会说："如果我不用金钱财物来贿赂比我大的官员，我就没办法升迁，这就像把猫当作诱饵来引诱老鼠上钩一样，没有任何希望也根本不会成功。如果把为官任职期间的政绩报给上级，希望以此得到升迁，那么就像牵着已经断了的墨线去校正弯曲的树木一样，更加没了希望。因为这两种方法都不可能得到升迁，我当然会到下面去搜刮钱财来贿赂上级，从而谋求升迁。"百姓说："我整天积极务农，先把国家的粮仓装满，用剩余的粮食供养亲人。走上战场，替国君冲锋陷阵、舍生忘死，使国君尊贵、国家安定。现在，国家的粮仓空虚，国君的地位卑微，个人的家庭一贫如洗，这样的话还不如靠行贿的方式谋取个一官半职。"亲朋好友聚在一起时，对这种想法达成一致，就会从根本上改变对从事农战的想法。那些豪杰之士用心学习《诗》《书》，追随国外有权势的人物；普通人去经商，从事手工业，人们都借助这些途径来逃避农耕和作战。如果用这种现实中存在的现象来教化民众，那么国库里的粮食怎么可能不会减少，军队的实力怎么可能不会削弱呢？

【原文】

　　善为国者，官法明，故不任知虑①。上作壹，故民不偷营，则国力抟②。国力抟者强，国好言谈者削。故曰：农战之民千人，而有《诗》《书》辩慧者一人焉③，千人者皆怠于农战矣。农战之民百人，而有技艺者一人焉，百人者皆怠于农战矣。国待农战而安，主待农战而尊。夫民之不农战也，上好言而官失常④也。常官则国治，壹务则国富。国富而治，王之道也。故曰：王道作外，身作壹而已矣。

【注释】

①知虑：这里指有头脑，富有智慧的人。②抟（tuán）：聚集。③焉：这里指如此，在这里。④常：规则，规矩。

【译文】

善于管理国家的国君，任用执法严明的官员，所以就不任用那些头脑灵活的人；国君专注于农耕和作战，所以民众不会私自从事除农耕和作战以外的行业，那么国家的力量就会集中到一起。国家的力量集中到一起就会使国家强大，国家喜欢空谈力量自然就会削弱。所以说：如果从事农耕和作战的百姓有一千人，里面有一个因学习《诗》《书》而能说会道的人，那么这一千人就会受到影响，就会对农耕和作战产生懈怠。如果从事农耕和作战的百姓有一百人，里面出现一个手工业者，那么这一百人就会受到影响，就会对农耕和作战产生懈怠。国家依靠农耕和作战保障自身安全，国君依靠农耕和作战建立起威信。百姓不从事农耕和作战，主要是因为国君喜欢虚无缥缈的空谈而不按照国家的法律法规选用官员。依法选用官员，国家的政治自然也就清明了；专心致志地从事农耕和作战，国家也就富强了。国家富强和政治清明，这是称王于天下的基本方法。所以说：称王于天下的方法没有其他的，就是以身作则专心致志地从事农耕和作战。

【原文】

今上论材能知慧而任之，则知慧之人希①主好恶使官制②物以适③主心。是以官无常，国乱而不壹，辩说之人而无法也。如此，则民务④焉得无多？而地焉得无荒？诗、书、礼、乐、善、修、仁、廉、辩、慧，国有十者，上无使守战⑤。国以十者治，敌至必削，不至必贫。国去此十者，敌不敢至，虽至必却；兴兵而伐，必取；按兵不伐，必富。国好力者以难⑥攻，以难攻者必兴；好辩者以易⑦攻，以易攻者必危。故圣人明君者，非能尽其万物也，知万物之要也。故其治国也，察要而已矣。

【注释】

①希：通"晞"，观望，观看。②制：处理，决断。③适：符合。④务：事务，这里指行业。⑤守战：防守和进攻。⑥难：指"好力"的力，即加强农战，因为要想把农战做好，并不容易，所以称之为"难"。⑦易：指"好辩"的"辩"即喜欢空谈，因为这种事做起来很简单，所以称之为"易"。

【译文】

现在国君根据才能和智慧来选用官员，那么那些喜欢耍小聪明的人就会观察和揣摩国君的喜好和厌恶，他们为官处理事务时也会想方设法迎合国君的口味。因此，国家选用官员如果不遵照法律法规，国家在这方面就会出现混乱而缺乏统一的政策法令，那些巧舌善辩、善于迎合奉承的人就变得更加无法无天了。如果是这样的话，百姓从事其他行业的怎么可能不会多呢？而土地又怎么能不荒芜呢？诗、书、礼制、音乐、为善、修身、仁爱、廉洁、善辩、聪明，国家出现这十种事物，国君就无法让老百姓全力以赴地去防守和作战了。用这十种事物来治理国家，外敌侵犯国土就一定会被割让，即便敌人不来进犯国家也一定会走向贫穷。如果国家没有这十种事物，敌人就不敢轻易来侵犯；即使敌人胆敢来侵犯，也一定会大败而归。如果出兵征伐其他国家，一定能够取得胜利；如果按兵不动不去开疆扩土或征伐他国，国家一定是非常富强的。重视农耕和作战的国家以农耕和作战的优势进攻，以农耕和作战优势进攻的国家一定会兴旺发达；喜欢空谈的国家以不切实际的想法去进攻，以不切实际的想法去进攻的国家一定会出现危险。所以圣人和英明的君主，并不是随意使用万物，而是掌握了万事万物发展的基本规律和基本要领。因此他们治理国家的方法其实很简单，就是辨明要领和抓住要领而已。

【原文】

今为国者多无要。朝廷之言治也，纷纷焉①务相易也。是以其君惛②于说，其官乱于言，其民惰而不农。故其境内之民，皆化而好辩、乐学，事商贾，为技艺，避农战。如此，则不远矣。国有事，则学民③恶法，商民善化，技艺之民不用，故其国易破也。夫农者寡而游食者众，故其国贫危。今夫螟、螣贪、蚼蠋④春生秋死，一出而民数年不食。今一人耕而百人食之，此其为螟、螣、蚼蠋亦大矣。虽有《诗》《书》，乡⑤一束，家一员⑥，犹无益于治也，非所以反⑦之之术也。故先王反之于农战。故曰：百人农、一人居者王，十人农、一人居

者强，半农半居者危。故治国者欲民者之⑧农也。国不农，则与诸侯争权不能自持⑨也，则众力不足也。故诸侯挠⑩其弱，乘⑪其衰，土地侵削而不振，则无及已。

【注释】

①纷纷焉：多而繁杂的样子。②悟（hūn）：迷惑，糊涂。③学民：指有学识、有学问的人。④螟、蟘（tè）：两种以庄稼为食的害虫。蚼蠋（qú zhú）：一种类似蚕的害虫。⑤乡：古代行政区域单位。所管辖的范围，历代有所不同。⑥员：卷，物的数量。⑦反：转变、改变，这里指改变现状。⑧之：到，这里指从事。⑨自持：自保，自守。⑩挠：侵扰，侵犯。⑪乘：利用，趁机。

【译文】

现在很多人治理国家时没有掌握到要领。朝廷上讨论治理国家的方法时，大家众说纷纭都想改变对方的想法和观点。因此国君被这些不同的观点折腾得迷惑不已，而官吏们也被这些观点和说法搅得头昏脑涨，国内的百姓也因懒散而不愿从事农业生产。所以国内的百姓，整天都变得喜好空谈和乐于学习，或者从事商业、手工业，从而逃避农耕和作战。这样的话，国家距离灭亡也就为时不远了。国家出现动荡，而那些有知识有学问的人就讨厌现行的法律法规，商人善于变化，手工业者根本派不上用场，如此一来，国家很容易就会被外敌攻破。从事农业生产的人数少而靠花言巧语四处游说的人数众多，所以这个国家就会因贫困而到达危险的地步。就像那些危害农作物生长的螟、蟘、蚼蠋等害虫尽管春天出生秋天死亡，但是只要它们出现一次百姓就会因多年歉收而没有饭吃。现在是一个人从事农业生产去满足一百个人吃饭，那么这些人的存在比螟、蟥、蚼蠋等害虫带来的危害还要大。如果这样的话，即便每个乡里有一捆《诗》《书》，每个家里都有一卷，对治理国家没有任何的用处，这样根本无法改变现状。所以以前的国君转而依靠农耕和作战来突破现实中的困境。因此说：倘若一百个人从事农业生产一个人闲着，那么这个国家就能称王于天下；十个人从事农业生产一个人闲着，这个国家就会发展成为强国；有一半的人从事农业生产一半的人闲着那么这个国家就将要出现危险。所以懂得治理国家的人都想方设法，出台一系列的措施让百姓从事农业生产。国家不重视农业生产，就会在诸侯争霸中处于劣势，这是因为缺乏可以使用的民力。因此，其他诸侯国趁其衰弱之际派兵侵犯，趁其衰弱派兵侵犯，国家的土地就会被占领，从此便一蹶不振，如果走到那一地步，想任何办法都来不及了。

【原文】

　　圣人知治国之要，故令民归心于农。归心于农，则民朴而可正也，纯纯①则易使也，信可以守战也。壹，则少诈而重居②；壹，则可以赏罚进也；壹，则可以外用也。夫民之亲上死制③也，以其旦暮从事于农。夫民之不可用也，见言谈游士事君之可以尊身也、商贾之可以富家也、技艺之足以餬口④也。民见此三者之便且利也，则必避农。避农，则民轻其居。轻其居，则必不为上守战也。凡治国者，患民之散而不可抟也，是以圣人作壹，抟之也。国作壹一岁者，十岁强；作壹

十岁者，百岁强；作壹百岁者，千岁强；千岁强者王。君修赏罚以辅壹教，是以其教有所常，而政有成也。

【注释】

①纯纯：诚恳、质朴的样子。②重（zhòng）居：非常重视家园，不会轻易迁移。③死制：这里指为奖励和惩罚制度拼命作战。制，遵从、服从。④餬口：糊口。餬，同"糊"。

【译文】

圣明的国君都懂得治国安民的要领，因此这样的国君会命令百姓把心思全部集中在农业生产上。专心从事农业生产，那么百姓的想法就朴实也便于管理，他们因诚实而容易役使，一定可以用来守卫城池。百姓专心致力于农耕和作战，几乎就不会滋生出奸诈之事并且也不愿意离开现在的家园而搬迁到其他地方；百姓专心致力于农耕和作战，就可以采用奖励和惩罚的办法来激励他们的上进心；百姓专心致力于农耕和作战，就可以利用他们对外作战。百姓拥护国君并且死心塌地地遵从国君，主要是因为他们从早到晚都在从事农业生产的缘故。百姓不听从管理不愿意为国家效力，是因为他们看到整天空谈的人通过迎合国君的办法就能得到自己想要的尊贵地位，是因为他们看到商人也可以赚到大量的钱财，是因为他们看到手工业者也能够养家糊口。百姓看到这三种人的职业既轻松又能赚到钱，他们就一定会逃避农耕。逃避农耕，百姓就不会在意自己居住在什么地方，不在意自己居住的地方，那么作战就一定不会为国君卖命。凡是能把国家治理的人，都担心民心涣散而缺乏凝聚力。所有那些英明的国君实行农战政策，就是要强化百姓的凝聚力。倘若百姓都能够专心从事农耕和作战一年，国家就可以强大十年；倘若百姓都能够专心从事农耕和作战十年，国家就可以强大一百年；倘若百姓都能够专心从事农耕和作战一百年，国家就可以强大一千年；强大一千年理所应当可以称王于天下。国君制定种种赏罚制度作为农战政策的辅助手段，所以对百姓的教化就有基本的依据，治理国家也一定能出成绩。

【原文】

王者得治民之至要，故不待赏赐而民亲上，不待爵禄而民从事①，不待刑罚而民致死。国危主忧，说者成伍，无益于安危也。夫国危主忧也者，强敌大国也。人君不能服强敌、破大国也，则修守备，便地形②，抟民力，以待外事③，然后患可以去，而王可致也。是以明君修政作壹，去无用，止浮学事淫④之民，壹之农，然后国家可富，而民力可抟也。

【注释】

①从事：这里指从事农耕和作战。②便地形：这里指占据有利的地形、地势。③外事：外敌入侵。④事淫：从事不正当的职业。

【译文】

国君掌握了统治百姓的关键原则，所以未等到国君进行赏赐百姓便主动亲附于国君；未等到封爵加禄百姓便主动从事农耕和作战；未等到国君使用刑罚百姓便主动拼死效命。在国家

出现危机、国君满腹忧虑时，巧言善辩的空谈者成群结队，却对国家的安危没有任何帮助。国家出现危机、国君满腹忧虑，是因为遇到强大的外敌。国君无法战胜强敌、攻打大国，那么就要修筑好防御设施，占据有利的地形地势，集中百姓的力量，来对付外敌的入侵，这样的话威胁就可以消除，而称王于天下的目标也就达到了。因此英明的国君治理国家时应该专心致力于农耕和作战，清除那些没有实用价值的东西，禁止百姓学习那些空洞不切实际的学问和专门从事游说等不正当行业，让他们专心从事农业生产，这样的话国家就能够富强，百姓的力量就可以凝聚起来。

【原文】

今世主皆忧其国之危而兵之弱也，而强①听说者。说者成伍，烦②言饰辞，而无实用。主好其辩③，不求其实。说者得意，道路曲辩④，辈辈⑤成群。民见其可以取王公大人也，而皆学之。夫人聚党与，说议于国，纷纷焉，小民乐之，大人说⑥之。故其民农者寡而游食者众。众，则农者殆；农者殆，则土地荒。学者成俗⑦，则民舍农从事于谈说，高言伪议。舍农游食而以言相高也，故民离上而不臣者成群。此贫国弱兵之教也。夫国庸⑧民之言，则民不畜⑨于农。故惟明君知好言之不可以强兵辟⑩土也，惟圣人之治国作壹，抟之于农而已矣。

【注释】

①强（qiáng）：坚决。②烦：复杂，繁复。③辩：言辞华

美，说得好听。④曲辩：诡辩，巧辩。⑤辈辈：一批又一批，一伙接一伙。⑥说：通"悦"，高兴。⑦成俗：形成一种风气。⑧庸：任用。⑨畜：喜爱。⑩辟：开辟。

【译文】

现在各个国家的国君都担心自己的国家到了危机时刻而显示出军事力量的薄弱，尽管如此他们坚决听从那些游说之士的空洞言论。说客们成群结队、废话连篇，却没有任何实际的用处。国君喜欢听他们的华美言辞，而不去思考这些言论是否具有实用性。因此这些说客们显得非常得意，无论身在何处走在什么地方都要巧言诡辩一番，于是这些空谈的游说者就成群结队。百姓看到这些人凭借空谈的本领就能取得王公大臣之位，便纷纷向他们学习。普通百姓喜欢这样做，大臣们也以此为乐。所以百姓中从事农业生产的人越来越少而靠游说混饭吃的人越来越多。游说之人越来越多，那么农民就会懈怠农业；农民懈怠农业，那么土地就会荒芜。学习空谈形成一种风气，那么农民就不再从事农业生产而去空谈巧辩，高谈阔论。农民舍弃农业而凭借诡辩来压倒对方，所以百姓们就远离国君而听从管束的百姓便成群结队起来。这是导致国家贫穷，军队战斗力薄弱的基本原因。如果国家对空谈的百姓委以重任，那么百姓就不喜欢从事农业生产了。因此只有英明的国君知道喜欢空谈不能增强军队的实力，更不能开疆扩土，圣明的统治者治理国家时只采取一个办法，就是把百姓的力量集中到农业生产中。

去强第四

【题解】

强是指百姓不听从国家颁布的各种政令。本篇主要讨论采取什么样的办法来消除百姓不服从政令的弊端。

百姓因富有而强大，他们强大了，就会和国家对抗；百姓贫困，整天为生计奔波，他们就会听从国家的安排。统治百姓分强民政策和弱民政策，作者认为要想让百姓听话，必须使用弱民政策，即赏罚分明，以农耕和作战作为赏罚依据，从而使百姓专心致力于农耕和作战；通过重罚轻赏的手段，彻底消除百姓不听从政令的现象；同时还指出儒家的诗书礼义是诱发百姓不服从政令的重要原因。

本篇还提出不依法治国，国内会出现"岁""食""美""好""志""行"六种危害国家的行为；关于货币与粮食的关系，《去强》也观点独到。另外，本篇中还指出需要从户口管理、吏治、民生等方面加强统治。可以说，《去强》整篇都在强调弱民强国的本质，反映出法家严苛的思想理念。

【原文】

以强去强①者，弱②；以弱去强者，强。国为善③，奸必多。国富而贫治④，曰重⑤富，重富者强；国贫而富治⑥，曰重贫，重贫者弱。兵行敌所不敢行⑦，强；事兴敌所羞为⑧，利。主贵多变，国贵少变。国多物⑨，削；主少物，强。千乘之国守千物者削⑩。战事⑪兵用曰强，战乱兵息而国削。

【注释】

①强：第一个强指的是强民政策，即后文中"礼、乐、诗、书、善、修、孝、悌、廉、辩"等儒家思想。第二个"强"是指强民，即不服从命令的百姓。②弱：这里指弱民政策，即通过重罚轻赏的方式，使百姓遵守法令法规。③善：这里指仁政、善政。④贫治：倡导节俭，这里指以节俭的方式来治理国家。⑤重（chóng）：多，加倍。⑥富治：崇尚奢侈，这里指用铺张浪费的方式来治理国家。⑦兵行敌所不敢行：指于敌方交战时，战士不顾生命危险，与敌人拼死作战。⑧事兴敌所羞为：愿意做敌人认为是耻辱的事情，这里指排斥儒家的礼义思想。⑨物：财物。⑩千乘之国守千物者削：意思是一辆战车守一物，物少，因而称"削"。⑪事：治理。

【译文】

使用强民的手段来治理不听从法令的百姓，国家的力量会因此而被削弱；使用弱民的手段来治理不听从法令的百姓，国家就会变得强大。国君施行仁政、善政，奸诈之人就会变多。国家实际上很富强，却按照节俭的方式进行治理，这样的话国

家就会富上加富，国家富上加富就变得更加强大；国家实际上很贫穷，却按照奢侈的方式进行治理，这样的话国家就穷上加穷，穷上加穷的国家一定会衰弱。军队敢做敌人不敢做的事情，这样的话军队就会变得强大；在国家大事上敢做敌对国家认为耻辱的事情，这样的话就对国家有利。多谋善变是国君的基本素质，法制稳定是国家的基本根基。国家积累的财物少，这样的话国家就会衰弱；国家积累的财物多，这样的话国家就会强大。一千辆兵车的国家，整天只满足于守住一千辆兵车的的物质，这样的话国家就会衰弱。行军打仗时统帅指挥有方、士兵拼死搏杀的国家就会变得强大，行军打仗时统帅指挥混乱、士兵临阵退缩的国家就会衰弱。

【原文】

农、商、官三者，国之常官①也。三官者生虱害②者六：曰岁、曰食、曰美、曰好、曰志、曰行③。六者有朴④，必削。三官之朴三人，六官之朴一人⑤。以治法者，强；以治政⑥者，削。常官⑦治省，迁官⑧治大。治大，国小；治小，国大。强之，重削；弱之，重强。夫以强攻强者亡，以弱攻强者王。国强而不战，毒⑨输于内，礼乐虱害生，必削；国遂战，毒输于敌，国无礼乐虱害，必强。举荣任功曰强，虱害生必削。农少、商多，贵人贫、商贫、农贫，三官贫，必削。

【注释】

①常官：正常的职业。②虱害：像虱子一样给人造成危害。③岁、食、美、好、志、行：这里"岁"的害处指农民懒

惰，到处游玩，导致粮食歉收。这里"食"的害处指农民不务正业，好吃懒做。这里"美"的害处指小商小贩兜售华丽美观的物品。这里"好"的害处指小商小贩兜售好玩的物品。这里"志"的害处指官吏思想作风有问题，总想着如何徇私舞弊。这里"行"的害处指官吏贪赃枉法、以权谋私的行为。④朴：根源。⑤一人：指君王。⑥政：政教。⑦常官：这里指长期担任同一官职。⑧迁官：指官职变动。⑨毒：指虫害。

【译文】

农民、商人和官吏这三种人，是一个国家中最为常见的职业。这三种人能够产生六种像虱子一样的危害，分别为：农民懈怠农业生产，不仅导致粮食歉收而且还白吃国家的粮食；商人兜售华丽美观的物品，容易引发人们对物质的追求；商人兜售好玩的物品，容易使人玩物丧志；官吏思想作风有问题，总想着如何徇私舞弊；官吏贪赃枉法、以权谋私的行为。这六种危害只要生了根，必然削弱国家的力量。务农、经商和做官这三种职业依附于农民、商人及官吏，而六种危害却依附于国君一个人身上。依据法令法规来治理国家，国家就会变得强大起来；使用政教（指儒家思想）的方式来治理国家，国家就会变得衰弱。官吏能长久地在一个岗位上任职，统治就变得简单快捷；官吏频繁调动岗位，统治就变得烦琐。统治烦琐，国家就会弱小；统治简单快捷，国家就会强大。如果百姓强大起来，他们不遵守法纪不服从命令，国家就变得越来越弱小；如果百姓变得弱小，他们就遵守法纪听从命令，国家就会变得越来越强大。实施强民政策来管理不遵守法纪的百姓，国家就会灭亡；实施弱民政策来管理不遵守法纪的百姓，国家就能称王

于天下。国家变得强大后而不对外发动战争，毒害就会在国内产生，儒家礼乐的毒害也会应运而生，国家的实力必然会被削弱；国家变得强大后而对外发动战争，毒害就会转移到敌对国，国内也就不会出现儒家礼乐等所带来的毒害，国家的实力必然会强大起来。任用有功劳的人，国家就会变得强大；胡乱用人就会产生毒害，国家的实力必然会被削弱。农民少、商人多，从而导致公卿官吏贫穷了、商人贫穷了、农民贫穷了，这三种人都贫穷了，国家的实力势必会被削弱。

【原文】

国有礼、有乐、有诗、有书、有善、有修^①、有孝、有弟^②、有廉、有辩^③。国有十者，上无使战，必削至亡；国无十者，上有使战，必兴至王。国以善民治奸民者，必乱至削；国以奸民治善民者，必治至强。国用诗、书、礼、乐、孝、弟、善、修治者，敌至，必削国；不至，必贫国。不用八者治，敌不敢至，虽至必却。兴兵而伐，必取，取必能有之；按兵而不攻，必富。国好力，曰以难攻；国好言，曰以易攻。国以难攻者，起一得十；国以易攻者，出十亡百。

【注释】

①修：贤良，品德高尚。②弟（tì）：通"悌"，敬爱兄长。③辩：口才好，能言善辩。

【译文】

国家有礼、乐、诗、书、仁爱、贤德、孝敬父母、敬爱兄长、廉洁、能言善辩。国家如果出现这十种现象，即便国君不对外发动战争，国家的实力也会因此而削弱直至灭亡；国家如果不出现这十种现象，即便国君让百姓去打仗，国家的实力也一定会增强直至称王于天下。国家用所谓的善良之人去治理所谓的奸恶之人，这样的话必然会爆发内乱导致国家实力被削弱；国家用所谓的奸恶之人去治理所谓的善良之人，这样的话就一定能治理好直至国家的实力变得强大。使用诗、书、礼、乐、孝敬父母、敬爱兄长、仁爱、贤德等儒家思想治理国家，敌人前来攻打，国土必然会被侵占；即便敌人不来攻打，国家必然会变得穷困起来。不使用儒家的这八种思想治理国家，敌人就不敢前来攻打，即便前来侵犯也注定以失败而收场。如果对外发兵攻打其他国家，必然能攻无不克战无不胜，一定能够夺取土地，夺取土地后还能长久地占有它；如果按兵不动，不去对外发动战争，必然能变得更加富有。国家重视实力，可以称为以农战的优势进攻；国家喜欢空谈，可以称为以不切实际的想法去攻打别的国家。国家以农战的优势攻打别的国家，用一分的力气就可以获得十倍的利益；国家用不切实际的想法去攻打别的国家，花费十分的力气却丧失百倍的利益。

【原文】

重罚轻赏，则上爱民，民死上；重赏轻罚，则上不爱民，民不死上。兴国行罚，民利[①]且畏；行赏，民利且爱。国无力

而行知巧②者必亡。怯民使以刑，必勇；勇民使以赏，则死。怯民勇，勇民死，国无敌者强，强必王。贫者使以刑，则富；富者使以赏，则贫③。治国能令贫者富、富者贫，则国多力，多力者王。王者刑九赏一，强国刑七赏三，削国刑五赏五。

【注释】

①利：使……得到好处。②知巧：智谋巧诈。③贫：这里指让富人买官，他们就会因此而变穷。

【译文】

加重刑罚的力度降低赏赐的规格，在这种情况下国君爱护百姓，百姓就会舍生忘死为国君效命；提高赏赐的规格降低刑罚的力度，在这种情况下国君不爱护百姓，百姓也不会舍生忘死为国君效命。强大的国家使用刑罚，百姓既喜欢又畏惧；使用赏赐，百姓既得到好处又敬爱国君。没有真正的实力而又喜欢使用计谋和欺诈的国家，这样的话必然会走向灭亡。对于生性胆小的人使用刑罚来驱使他们作战，这样的话他们一定会在战场上表现得很勇敢；对于勇敢的人使用奖赏的办法，这样的话他们一定会在战场拼死效力。针对不同的人使用不同的办法，就会把胆小的人变得勇敢，把勇敢的人变得不要命，这样的话国家就没有敌手而变得强大，国家强大就一定能够称王于天下。对于贫穷的人可以用刑罚役使他们，让他们从事农业生产，他们就会变得富足；对于富足的人用赏赐役使他们，让他们花钱买官职和爵位，他们就会变穷。治理国家能让穷人变富，让富人变穷，那么国家的实力就强大，国家的实力强大，就能称王于天下。称王于天下的国家用九分的刑罚一分的赏赐，强国用七分的刑罚三分的赏赐，弱国用五分的刑罚五分的赏赐。

【原文】

国作壹^①一岁，十岁强；作壹十岁，百岁强；作壹百岁，千岁强；千岁强者，王。威，以一取十，以声取实^②，故能为威者王。能生不能杀^③，曰自攻之国，必削；能生能杀，曰攻敌之国，必强。故攻害、攻力^④、攻敌，国用其二、舍其一，必强；令用三者，威，必王。

【注释】

①作壹：这里指专心致力于农战。②声：声势。实：效果。③生：聚集实力。杀：攻杀，这里指征伐。④攻害：消灭虿害。攻力：耗费力量。

【译文】

专心致力于农战一年，就能使国家强大十年；专心致力于农战十年，就能使国家强大一百年；专心致力于农战一百年，就能使国家强大一千年；强大一千年的国家，就能称王于天下。国家有威势，只需花一分的力气就能获得十倍的利益，凭借威势可以取得实际效果，所以有威势的国家就能称王于天下。能够积累实力却无法将实力充分发挥出来的国家，叫作"攻打自己"的国家，这样的话国家一定会被削弱；能够积累实力还能够正确使用实力的国家，叫作"攻打敌国"的国家，这样的话国家一定会强大。所以，消灭虿害、使用实力、攻打

敌国这三点，国家只要使用其中的两项而舍弃其中的一项，这样的话国家一定会强大；如果这三项全部使用，国家就会有威势，这样的话国家一定能称王于天下。

【原文】

十里①断者，国弱；九里断者，国强。以日治者王，以夜治者强，以宿②治者削。

【注释】

①里：古代居民行政单位，先秦时以二十五家为一里。②宿：过夜。

【译文】

政事在十里之内才能做出决定，这样的话国家就是弱国；在五里之内就能做出决定，这样的话国家就强大。在当天就能处理好政务的国家就是能称王于天下的国家，能在当天夜里处理好的国家就强大，拖到第二天才能处理好的国家必然会被削弱。

【原文】

举民众口数，生者著①，死者削②。民不逃粟③，野无荒草，则国富，国富者强。

【注释】

①著：登记。②削：删除。③逃粟：逃避赋税。粟，这里指税粟。

【译文】

全国的人口数量，活着的人都要登记造册，死去的人要及时从户口中删除。这样的话，百姓没有机会偷逃赋税，田野中就不会出现荒草，这样的话国家就能富足，国家富足也就必然强大了。

【原文】

以刑去刑①，国治；以刑致刑②，国乱。故曰：行刑重轻③，刑去事成，国强；重重而轻轻④，刑至事生，国削。刑生力，力生强，强生威，威生惠，惠生于力。举力以成勇战，战以成知谋。

【注释】

①以刑去刑：使用严峻的刑罚让百姓不敢触犯法律，即是以刑罚去除掉犯罪。②以刑致刑：这里指刑罚轻，百姓就不惧怕法律，即是以刑罚导致了犯罪。③重轻：轻罪重罚。④重重而轻轻：重罪重罚而轻罪轻罚。

【译文】

用重刑处罚犯罪，国家就能够安定；刑罚过轻导致犯罪，

国家就会出现混乱。所以说：犯了轻罪也要用重刑处罚，即便这样的刑罚派不上用场，但它的目的也就达到了，这样的话国家就能强大；犯了重罪使用重罚，犯了轻罪使用轻罚，即便动用刑罚，违法的事情也会层出不穷，这样的话国家的实力必然会被削弱。刑罚可以产生力量，力量可以产生强大，强大可以产生威势，威势可以产生恩惠。所以，恩惠的根源来自于力量。崇尚力量可以成就勇敢作战，勇敢作战可以产生智慧和计谋。

【原文】

金生而粟死①，粟生而金生。本物②贱，事者众，买者少，农困而奸劝③，其兵弱，国必削至亡。金一两生于竟④内，粟十二石⑤死于竟外；粟十二石生于竟内，金一两死于竟外。国好生金于竟内，则金粟两死，仓府⑥两虚，国弱；国好生粟于竟内，则金粟两生，仓府两实，国强。

【注释】

①金生而粟死：意思是赚到钱了，自己粮仓中的粮食却卖了出去。②本物：谷类作物。③劝：鼓励。④竟：通"境"，国境。⑤石（dàn）：古代的计量单位，十斗为一石。⑥仓府：粮仓和钱库。

【译文】

赚到钱财则失去了粮食，有了粮食等同于就有了钱财。粮食的价格低廉，而从事农业生产的人口众多，买粮食的人就相对较少，农民就会因此而贫困，奸诈的商人就能从中获得好处，这样的话国家的兵力就弱，国家的实力也一定随之被削弱甚至导致灭亡。当在国内赚到一两黄金，就会有十二石的粮食运到国外；当在国内购买十二石粮食，就有一两黄金被运到国外。国家如果喜欢赚取黄金，这样的话国内的黄金和粮食都会受到损失，国家的粮仓和金库必然会空虚，国家势必变得弱小起来；国家如果喜欢在境内囤积粮食，这样的话粮食和黄金都可以获得，粮仓和金库都会装得满满的，国家自然就会变得强大起来。

【原文】

强国知十三数：竟内仓府之数，壮男壮女之数，老弱之数，官士①之数，以言说取食者之数，利民②之数，马、牛、刍藁③之数。欲强国，不知国十三数，地虽利，民虽众，国愈弱至削。

【注释】

①官士：官吏和知识分子。②利民：从事农业生产的人。③刍藁（chú gǎo）：喂牲口的干草。

【译文】

一个强大的国家要具备十三种事物的数目：国内的粮仓和钱库的数目，青壮男女的数目，老人和孩子的数目，官吏和知识分子的数目，靠游说养活自己的人的数目，农民的数目，牛、马以及牲口吃的干草的数目。国家要想强大，却不知道这

十三种事物的数目，即便拥有肥沃的土地，百姓人口众多，国家也会变得越来越衰弱。

【原文】

国无怨民，曰强国。兴兵而伐，则武爵武任^①，必胜。按兵而农，粟爵粟任^②，则国富。兵起而胜敌，按兵而国富者王。

【注释】

①武爵武任：按照军功的大小进行赏赐和任用。②粟爵粟任：按照种粮的多少进行赏赐和任用。

【译文】

国内的百姓不抱怨国君，这样的国家叫强国。如果派兵去攻打别的国家，按照军功的大小授予他们相对应的官职和爵位，这样的话就一定能取得战争的胜利。如果不对外作战而从事农业生产，按照缴纳粮食的多少授予他们相对应的官职和爵位，这样的话国家就一定富足。派兵打仗能战胜敌人，按兵不动就能富足的国家一定能称王于天下。

说民第五

　　说，通"夺"。说民，就是夺民。本篇重点论述怎样治理民众的问题。民众是国家发展的根本，国家的安定与混乱，实际上就是民众的安定与混乱，治理好民众，国家也就治理好了。文中强调"民胜其政，国弱；政胜其民，兵强。""民胜法，国乱；法胜民，兵强。"

　　因此，对待民众，国家的法令法规一定要强硬，必须依法治理民众。具体的措施就是革除一切不利于国家统治的社会风气，用严苛的法律法规驱使民众"弃易行难"，加重刑罚的力度杜绝犯罪，以奖赏的办法鼓励民众从事农耕和作战。洞悉民众的心理，分析民众的日常需求，针对民众喜欢什么不喜欢什么，制定出一系列的奖赏与惩罚，引导民众从事农耕和作战。

　　本篇中还提到，提高国家的行政管理效率是一种独到的理念，能够使国家的各个职能部门快速运动起来，有利于国家的发展与强大。而"令贫者富，富者贫"的措施，对维持社会良性发展起到了平衡的作用。

【原文】

辩慧，乱之赞①也；礼乐，淫佚之征②也；慈仁，过之母也；任誉，奸之鼠③也。乱有赞则行，淫佚有征则用，过有母则生，奸有鼠则不止。八者有群，民胜其政；国无八者，政胜其民。民胜其政，国弱；政胜其民，兵强。故国有八者，上无以使守战，必削至亡。国无八者，上有以使守战，必兴至王。

【注释】

①赞：辅助，帮助。②征：征召。③鼠：处，居处。

【译文】

巧言善辩和足智多谋，是违法乱纪的推手；烦琐的礼节和令人意志涣散的音乐，是行为放荡的诱因；仁爱与慈善，是导致犯罪的根源；担保与举荐，是罪恶的藏身之地。违法乱纪有了推手才能在社会中盛行，行为放荡有了诱因才能出现，错误有了根源才能产生，罪恶有了藏身之地就无法制止。这八种现象一旦集结到一起，民众的力量就会超过国家的政令。没有这八种现象，国家的政令就能控制住民众。当民众的力量超越政令，这样的话国家就会被削弱；当政令能够控制住民众，这样的话国家的兵力就会强大。因此，国家如果出现这八种现象，国君就失去实际的控制能力，就没办法派遣民众去防守与打仗，这样的话国家一定会被削弱甚至灭亡。国家不存在这八种现象，国君就有能力有办法派遣民众去防守和打仗，这样的话国家一定会强大直至称王于天下。

【原文】

用善^①，则民亲其亲；任奸^②，则民亲其制。合而复^③者，善也；别而规^④者，奸也。章^⑤善，则过匿；任奸，则罪诛。过匿，则民胜法；罪诛，则法胜民。民胜法，国乱；法胜民，兵强。故曰：以良民治，必乱至削；以奸民治，必治至强。

【注释】

①善：仁善，这里指重道义。②奸：奸诈，与"善"恰恰相反。③复：通"覆"，遮掩、掩盖。④规：通"窥"，这里指监视。⑤章：彰显，表彰。

【译文】

任用仁善、重道义的人去治理百姓，这样的话百姓只爱他们自己的亲人；任用奸诈的人去治理百姓，这样的话百姓就会老老实实地遵守国家的法令法规。百姓联合起来相互遮掩自己的过失，这就是所谓的善；让百姓相互疏远相互监督，这样的话就是所谓的奸。表彰所谓的善民，百姓所犯下的罪过就会被遮掩起来；任用所谓的奸民来治理百姓，那么百姓所犯的罪过就会遭到惩罚。百姓的错误、罪过被遮掩，这样的话百姓就会凌驾于法律法规之上；百姓的错误、罪过及时受到相应的惩罚，这样的话国家的法律法规就能够压得住百姓。百姓凌驾于法律法规之上，国家就会出现混乱；法律法规压得住百姓，国家的兵力就会强大。所以说，任用所谓的善民治理国家，国家一定会出现混乱现象直至衰弱下去；任用所谓的奸民治理国家，国家就一定能够治理好直至强大。

【原文】

国以难①攻，起一取十，国以易②攻，起十亡百。国好力，曰以难攻；国好言，曰以易攻。民易为言，难为用。国法作③民之所难，兵用民之所易而以力攻者，起一得十；国法作民之所易，兵用民之所难而以言攻者，出十亡百。

【注释】

①难：难以做到的事，这里指农耕和作战。②易：容易做到的事，这里指空谈。③作：鼓励，激励。

【译文】

国家用不容易获得的耕战实力去攻打其他国家，使用一分的力量就可以得到十分的效果；国家使用容易做到的空谈去攻打其他国家，使用十分的力量就会损失一百倍的力量。国家崇尚真正的实力叫作用难以得到的东西去攻打其他国家，国家崇尚不切实际的空谈叫作用容易得到的东西去攻打其他国家。百姓把空谈看作容易得到的事，把国家迫使他们从事农业生产和作战看作难以得到的事。国家的法律法令鼓励百姓去从事他们认为难以做到的事，战争中使用百姓的这些实力去攻打其他国家，动用一分的力量就能收获十倍的利益；国家的法令法规鼓励百姓去做那些容易做的事，用不切实际的空谈去攻打其他国家，付出十分的力量非但没有收获反而损失一百倍。

【原文】

罚重，爵①尊；赏轻，刑威②。爵尊，上爱民；刑威，民死上。故兴国行罚，则民利；用赏，则上重③。法详，则刑繁；刑繁，则刑省。民不治则乱，乱而治之又乱。故治之于其治，则治；治之于其乱，则乱。民之情也治，其事也乱。故行刑，重其轻者，轻者不生，则重者无从至矣，此谓治之于其治者。行刑，重其重者，轻其轻者，轻者不止，则重者无从止矣，此谓治之于其乱也。故重轻，则刑去事成，国强；重重而轻轻，则刑至而事生，国削。

【注释】

①爵：爵位，古代君主对贵戚功臣的封赐。在中国周代有公、侯、伯、子、男五等爵位，后代爵位制度往往因时而异，不尽相同。②威：威严，威势。③重：受到尊重。

【译文】

加重刑罚，爵位就显得非常尊贵；减少赏赐，刑罚才彰显出威严性。爵位珍贵，显示出君王爱护百姓；刑罚威严，百姓才会不顾一切拼死为君王效命。所以强大的国家使用刑罚，君王就能够把百姓管理好；施用奖赏，百姓就能尊重君王。法令详细周到涉及方方面面，这样的话对应的刑罚就会增多；刑罚繁多，那么受到刑罚的人就会减少。百姓不听从管理就会出现混乱，混乱后再去治理它只能是乱上加乱。所以要在社会安定时进行治理，这样的话才能治理好；在混乱时去治理，只能是更乱。百姓原本希望国家安定，可他们做的事情却使国家出现混乱。所以动用刑罚，对百姓犯的轻罪采用重刑处罚，这样的话轻微的犯罪就不会发生，严重的犯罪就不敢出现，这就叫作在国家安定时进行治理。动用刑罚，犯重罪的给予重罚，犯轻

罪的给予轻罚，那么轻微的犯罪就无法制止，严重的犯罪更加无法控制，这就叫作在百姓混乱时进行治理。所以轻罪重罚，就可以不用刑罚而使社会变得安定，国家一定能够变得强大起来；动用刑罚时重罪重罚而轻罪轻罚，这样的话即便使用刑罚，犯罪依然会发生，国家的力量也会因此而削弱。

【原文】

民勇，则赏之以其所欲；民怯，则杀①之以其所恶。故怯民使之以刑，则勇；勇民使之以赏，则死。怯民勇，勇民死，国无敌者，必王。

【注释】

①杀：消除、减少。

【译文】

百姓作战勇敢，那么国君就应该用他们渴望得到的爵位来奖赏他们；百姓胆小，那么国君就应该用他们讨厌的刑罚来消除他们内心的胆怯。因此，对于胆小的百姓使用刑罚，那么他们就会因不愿受到刑罚而变得勇敢；对于勇敢的百姓使用奖赏，那么他们为了得到奖赏就会拼死为国君效力。胆小的百姓变得勇敢了，勇敢的百姓变得拼死效力了，这样的话任何一个国家都不是对手，这样的国家一定能称王于天下。

【原文】

民贫，则弱国；富，则淫。淫则有虱，有虱则弱。故贫者益之以刑①，则富；富者损之以赏②，则贫。治国之举，贵令贫者富，富者贫。贫者富，国强；富者贫，三官③无虱。国久强而无虱者，必王。

【注释】

①贫者益之以刑：这句话的意思是用刑罚的手段迫使贫穷的百姓从事农耕和作战，从而达到增加他们财产的目的。②富者损之以赏：这句话的意思是用赏赐和引诱的手段使富裕的百姓捐献出自己的财物，从而达到减少他们财产的目的。③三官：这里指农民、商人、官吏。

【译文】

百姓贫穷，那么国家就衰弱；百姓富裕，那么他们就放纵自己。百姓放纵自己就会产生虱害，国家出现了像虱子一样的危害，国家的实力就会被削弱。所以对于穷人要用刑罚的手段迫使他们从事农耕和作战，从而达到增加他们收入的目的，他们也就富裕了；对于富裕的人用赏赐和引诱的手段使他们捐献出自己的财物，从而达到减少他们财产的目的，他们也就变得相对穷了一些。治理国家的方法，最为重要的一点是让贫穷的人变得富裕，让富裕的人变得相对贫穷一些。贫穷的人变得富裕，国家就会强大；富裕的人变得相对贫穷些，农民、商人、官吏这三种职业中就不会出现虱害。国家能够长期保持强大又不会出现虱害，必然能称王于天下。

【原文】

刑生力，力生强，强生威，威生德①，德生于刑。故刑多，则赏重；赏少，则刑重。民之有欲有恶也，欲有六淫②，恶有四难③。从④六淫，国弱；行四难，兵强。故王者刑于九⑤而赏出一⑥。刑于九，则六淫止；赏出一，则四难行。六淫止，则国无奸；四难行，则兵无敌。

【注释】

①德：恩惠。②六淫：指《去强》篇中多次谈到的六种虱害，即岁害、食害、美害、好害、志害、行害。③四难：这里指务农、力战、出钱、告奸四种百姓讨厌的事情。④从：通"纵"，放任，放纵。⑤九：虚数，这里指多的意思。⑥一：唯一，这里指农战。

【译文】

刑罚（指实行法治）能增强国家的实力，实力能使国家变得强大，强大能使国家产生威力，威力能产生恩惠，恩惠从刑罚中而来。因此国家的刑罚越多，那么百姓获得的奖赏就越丰厚；国家的奖赏越少，那么对百姓使用的刑罚就显得越严厉。百姓有自己喜欢的事情也有自己讨厌的事情，百姓所喜欢的事情中有六种虱害的事情，他们所讨厌的事情中有四种难做的事情。国家放纵百姓喜欢六种虱害，国家的实力会因此而削弱；国家强力推行四种百姓难做的事情，国家的兵力就会因此而增强。所以能称王于天下的国君把刑罚运用到多个方面,却只对农战这一个方面给予奖赏。刑罚的作用面越广,六种虱害的事情就能被严格控制;奖赏只给予农战,那么四种难做的事情就可以在百姓中间推行。六种虱害被严格制止,那么国家就不会出现奸邪之事;四种难做的事情能在百姓中顺利推行,那么军队在诸侯国中就没有对手。

【原文】

民之所欲万,而利之所出一。民非一,则无以致欲,故作一。作一则力抟①;力抟,则强。强而用,重强。故能生力能杀力②,曰攻敌之国,必强。塞私道以穷③其志④,启一门以致其欲,使民必先行其所要,然后致其所欲,故力多。力多而不用,则志穷;志穷,则有私;有私,则有弱。故能生力,不能杀力,曰自攻之国,必削。故曰:王者,国不蓄力,家不积粟。国不蓄力,下用也;家不积粟,上藏也。

【注释】

①抟:聚集。②杀力:消耗力量。③穷:这里指断绝。④志:这里指私心、私欲。

【译文】

百姓的欲望多种多样,能够获得国家奖励的只有农战这一条路。百姓不认同这条路,那么就无法得到他们想要的东西,所以百姓必须专心致志地从事农耕和作战。百姓专心致志地从事农耕和作战,那么国家的力量就能集中到一起;力量集中到

一起，国家就会因此而变得强大。国家强大了就有实力攻打敌国，国家就会强上加强。因此能够增强实力又能够使用实力的国家，叫作攻打敌国的国家，这样的国家一定能够强大。堵住百姓谋求个人私利的门路断绝百姓的私心，只敞开农耕和作战这条路去满足百姓的欲望，让百姓先去做他们不喜欢做的事情，然后让他们从中获得自己想要的东西，这样的话国家的实力才能增强。国家的实力增强却不用来攻打敌国，那么百姓的愿望就无法实现；百姓的希望落空，那么百姓自然而然就会产生私心；百姓有了私心，那么国家的实力就会被削弱。因此国家的实力增强，却不能合理有效地使用实力，这叫作自己攻打自己的国家，国家的实力一定会被削弱。所以说：能够称王于天下的国君，国家不会把实力储存起来，百姓的家中也不会囤积粮食。国家不储存实力，就是为了调动百姓的力量；百姓家中不囤积粮食，是国家把粮食储备在官方的粮库中了。

【原文】

国治：断①家王，断官强，断君弱。重轻，刑去。常官，则治。省刑，要保②，赏不可倍③也。有奸必告④之，则民断于心。上令而民知所以应，器⑤成于家而行于官，则事断于家。故王者刑赏断于民心，器用断于家。治明，则同；治暗，则异。同则行，异则止。行则治，止则乱。治，则家断；乱，则君断。治国者贵下断，故以十里断者弱，以五里断者强。家断则有余，故曰：日治者王。官断则不足，故曰：夜治者强。君断则乱，故曰：宿治者削。故有道之国，治不听君，民不从官。

【注释】

①断：决断。②要（yāo）保：要，约定。保，连坐、连保。③倍：同"背"，违背、违反，不守信用。④告：告发。⑤器：器物。

【译文】

治理国家有三种情况：能够在家中做出决断的国家可以称王于天下，由官吏做出决断的国家一定能强大，由国君做出决断的国家一定弱小。采取轻罪重罚的手段，一定能够杜绝犯罪现象。按照法律法规来选拔和任用官员，国家就一定能够治理好。减少刑罚，需要在百姓中建立连保制度，对于应该奖赏的绝不能失信。发现奸邪行为及时告发，那是因为百姓心中能够辨明是非。国君发布命令百姓知道如何积极响应，百姓在家里做成器物后，需要官府的许可才可以在社会中通行，这样的话事情就能在家中做出决断。所以称王于天下的君主所设立奖赏与惩罚在百姓心中十分明确，器物生产出来后该怎么做百姓也是清楚明白。国家的政治清明、社会安定，那么百姓就会齐心协力；国家的政治黑暗、社会混乱，那么百姓就会产生异心。百姓与国君一条心，国家的法令法规就能够执行下去；百姓与国君不一条心，国家的法令法规就无法执行下去。国家的法令法规能顺利执行，国家就一定能治理好；国家的法令法规不能顺利执行，国家就会出现混乱。国家能治理好，百姓在家中就能自行判断出对与错。国家出现混乱局面，那么就需要国君做出决断。治理好国家最为可贵之处在于百姓能够自行做出正确的决断，所以十个里以内做出决断的国家是弱国，五个里以内

做出决断的国家是强国。事情在百姓家中就能自行做出决断，官府就有充足的时间办理其他事情，因此说：能在当天处理完政务的国家可以称王于天下。任何事情都要到官府里解决，官府的办事时间就不会充足，因此说：能在当夜把政务处理好的国家一定是强大的国家。大小政务必须由国君来处理，国君就会手忙脚乱，因此说：第二天才能处理好政务的国家一定是弱国。所以治理得当的国家，官吏处理政务时不必完全听从国君的，百姓处理事务时不必完全听从官吏的。

算地第六

【题解】

算地，就是对土地进行规划。商鞅把农战作为富国强兵的重要途径，而推行农战的基础就是土地。有了土地则可以种植粮食，有了粮食则可以供养军队，有了军队则可以守卫和扩张土地。因此，国家必须对土地拥有精准而深刻的认识。当人多地少时，就要想方设法开垦土地；当地多而人少时，就要想方设法招揽人口，从而达到土地与人口的平衡。土地与人口平衡后，国家的实力就能得到提升；国家的实力提升后，需要开疆扩土；开疆扩土后，继续招揽人口，从而达到新的平衡。如此循环往复，则能称王于天下。

本篇中的基本内容为：土地的使用面积一定要与所居住的人口相适应；国有的山林、湖泊、溪流、道路、农田的比例一定要合理。强调每个人都有耕地，使百姓战时为兵，闲时务农。将百姓的精力束缚于耕种之上，使百姓淳朴、守法度，禁止百姓从其他途径获利，禁止大臣私下赏赐。对内使民众隶属于农业（杜绝他利），对外利用战功满足民众的荣誉感（统一赏罚）。

要想实现种种目标，必须提高百姓从事农业生产的积极

性。文中指出国君一定要充分认识到人类趋利避害的本性，制定一系列严苛的法律法规，迫使百姓把全部精力投入到开荒种地上。

【原文】

凡世主之患①：用兵者不量②力，治草莱③者不度地。故有地狭而民众者，民胜④其地；地广而民少者，地胜其民。民胜其地，务⑤开；地胜其民者，事徕⑥。开徕，则行⑦倍。民过地，则国功寡而兵力少；地过民，则山泽财物不为用。夫弃天物、遂⑧民淫者，世主之务过也。而上下事之，故民众而兵弱，地大而力小。

【注释】

①患：弊端，弊病。②量：估量，衡量。③草莱：指没有开垦的荒地。④胜：超过，超越。⑤务：致力，从事。⑥徕：招徕，吸引招揽。⑦行：将。⑧遂：顺从，服从。

【译文】

国君通常犯的弊病是：用兵作战时不能准确衡量自己的实力，开垦荒地时没有精准计算好土地。因此就会出现有的地方土地面积狭小而人口众多的情况，这样的话人口数量就超过了该地本应该拥有土地的人口；也有的地方会出现土地面积广阔而人口稀少的情况，这样的话土地面积就超过了该地人口本应该拥有的土地。当人口数量超过其应该拥有的土地，这样的话就要开垦荒地；当土地面积超过其人口应该拥有的土地，这样的话就要从外地招来人口。开垦荒地和招来人口，国家实力将会随之成倍增长。人口超过土地，这样的话国家的收入就少并且兵源不足；土地面积超过人口，这样的话国家的山林、湖泽所产生的财力物力就不能得到充分的利用。白白浪费自然资源而放纵百姓游手好闲，这是国君在管理国家方面的过失。可是现在各个诸侯国中上上下下都在这么做，人口数量虽然众多而军队的实力却非常弱小，土地面积虽然广阔而国家的实力却非常弱小。

【原文】

故①为国任地者：山林居什一，薮②泽居什一，溪谷流水居什一，都邑蹊③道居什四，恶田居什二，良田居什四，此先王之正律也。故为国分田数④：小亩⑤五百，足待一役，此地不任也。方土百里，出战卒万人者，数小也。此其垦田足以食其民，都邑遂路足以处其民，山林、薮泽、溪谷足以供其利，薮泽隄⑥防足以畜。故兵出，粮给而财有余；兵休，民作⑦而畜长足。此所谓任地待役之律也。

【注释】

①故：故旧，过去。与后文的"先王"相对。②薮：水草茂密的沼泽湖泊。《说文》记："薮，大泽也。"③蹊：小路。④数：这里指分配给田地的赋税数和兵役数。⑤小亩：周制之亩，一百方步。秦制之亩，二百四十方步。⑥隄：同"堤"，堤坝，堤防。⑦作：劳作，指务农。

【译文】

古代君王治理国家时对土地的利用比例是：山林占十分之一，湖泊沼泽占十分之一，山涧河流占十分之一，城镇道路占十分之一，坏田占十分之二，良田占十分之四，这是古代君王的明确规定。古代君王治理国家时对田地的税赋是这样分配的：五百小亩土地所征收上来的赋税，足以满足一次战役所需要的费用，这还是国家的土地没有得到充分利用的情况下。方圆百里的土地所征收上来的赋税，足以养活一万名对外作战的士兵，这个数目依然很小，国家的土地依然没有得到充分利用。所以，让开垦出来的土地足以养活那里的百姓，城市乡村及道路两旁足够百姓居住，山地、森林、湖泊、沼泽、山谷足够给百姓提供各种生活物质，湖泊、沼泽被堤坝拦截足够积蓄水源。因此军队对外作战时，粮食充足财力充沛；战争结束后，士兵脱下军服从事农耕，从而积累出长久的富足。这就是以地养战的规则。

【原文】

今世主有地方数千里，食不足以待役实仓，而兵为邻敌，臣故为世主患之。夫地大而不垦者，与无地同；民众而不用者，与无民同。故为国之数①，务在垦草；用兵之道，务在壹赏②。私利塞于外，则民务属③于农；属于农，则朴；朴，则畏令。私赏禁于下，则民力抟于敌；抟于敌，则胜。奚④以知其然也？夫民之情，朴则生劳而易力⑤，穷则生知⑥而权利。易力则轻死而乐用，权利则畏罚而易苦⑦。易苦则地力尽，乐用则兵力尽。夫治国者，能尽地力而致民死者，名与利交至。

【注释】

①数：道理。②壹赏：统一奖赏，让利益、俸禄、官职、爵位都只根据战功来颁发和赐予。③属（zhǔ）：通"嘱"，专注。④奚：疑问词，为何，如何。⑤易力：以出力为易。⑥知：同"智"。⑦苦：这里指农耕。

【译文】

现在的国君拥有方圆数千里的土地，所生产出来的粮食还不够用来供养士兵和装满粮仓，然而军队却与邻国为敌，这就是我为现在国君所担忧的。土地面积广大却没有开垦，这与没有土地没什么区别；人口众多却不能利用人口优势，这与没有人口没什么区别。因此治理国家的道理，关键在于开垦荒地；对外用兵打仗的办法，关键在于提前制定好统一的奖赏条件。一定要堵住谋求私利的途径，百姓就专心致志地从事农耕；百姓专心致志地从事农耕，就变得非常质朴；百姓变得质朴，就会对法律法规产生敬畏之心。杜绝官吏对百姓进行私自行赏，百姓的力量就会集中到对敌对国的作战上；百姓的力量集中于对敌作战，就一定能战胜对方。如何知道会出现这样的状态呢？这是人之常情，质朴就会让人变得勤劳并且在劳作中不吝啬自己的力气，贫穷就会使人产生想法而懂得权衡个人得失。视干力气活为容易事就会轻视死亡而心甘情愿被国君所役使，权衡个人得失就会害怕刑罚而把从事农业生产视为容易的事。以农耕为容易的事就会竭尽全力，并且心甘情愿被国君所役使，军队的战斗力就会最大限度地发挥出来。真正懂得治理国家的人，既能充分使用土地，又能让百姓心甘情愿为他效命，这样的话名和利就可以顺理成章地得到了。

【原文】

民之性：饥而求食，劳而求佚①，苦则索乐，辱则求荣，此民之情也。民之求利，失礼之法；求名，失性之常。奚以论其然也？今夫盗贼上犯君上之所禁，而下失臣民之礼，故名辱而身危，犹不止者，利也。其上世之士，衣不煖②肤，食不满肠，苦其志意，劳其四肢，伤其五脏，而益裕③广耳，非生④之常也，而为之者，名也。故曰：名利之所凑⑤，则民道⑥之。

【注释】

①佚：通"逸"，安逸。②煖（nuǎn）：同"暖"。③益裕：富裕宽广。④生：同"性"，天性，本性。⑤凑：聚集。⑥道：趋向。

【译文】

人的天生本性是：饿了需要寻找食物，累了希望得到安逸，痛苦了就去寻找欢乐，屈辱了就去追求荣耀，这些都是人之常情。人为了满足自己的一己私利，往往会做出一些违背礼制的事情。凭什么说会出现这样的情况呢？现在的一些盗贼对上违反君王制定的禁令，对下丧失作为臣民的基本礼仪礼节，因此他们的名声很坏并且随时面临生命危险，即便这样他们仍然不肯罢休，之所以出现这种情况都是利益引起的。古代的一些名士，常常穿得衣不蔽体，吃的食物无法填饱自己的肠胃，他们磨炼自己的意志，让自己的身体受苦受罪，还不惜伤害自己的五脏，可他们的胸怀却变得越来越宽广，这分明是违反人的正常本性，他们偏偏这样做的原因，就是因为名利。所以说：名誉和利益聚集的地方，百姓就会趋向那里。

【原文】

主操名利之柄而能致功名者，数也。圣人审权①以操柄，审数②以使民。数者，臣主之术，而国之要也。故万乘③失数而不危，臣主失术而不乱者，未之有也。今世主欲辟地治民而不审数，臣欲尽其事而不立术，故国有不服之民，主有不令④之臣。故圣人之为国也，入令民以属⑤农，出令民以计⑥战。夫农，民之所苦；而战，民之所危⑦也。犯⑧其所苦，行其所危者，计也。故民生则计利，死则虑名。名利之所出，不可不审也。利出于地，则民尽力；名出于战，则民致死。入使民尽力，则草不荒；出使民致死，则胜敌。胜敌而草不荒，富强之功可坐而致也。

【注释】

①审权：谨慎运用权势。②审数：讲究统治的方法。③万乘（shèng）：比喻大国。乘，古代四匹马拉一辆兵车称为一乘。④不令：不服从命令。⑤属：通"瞩"，关注。⑥计：谋划。⑦危：危险，害怕。⑧犯：这里指从事。

【译文】

君主手中掌握着赐予百姓名誉和利益的大权而最终得以建立功业和名声，靠的是统治手段和统治方法。圣明的君主对权力审察清楚后再谨慎地操持权柄，在对统治方法审察清楚后再去统治百姓。统治方法，是君主统治国家的法术，治理国家

的关键。所以拥有万辆兵车的大国即便统治出现失误也不会出现危险，君主的统治方法出现失误而国家也不会陷入混乱状态中，这种情况从来没有过。现在的君主既想开辟土地又想统治好百姓却没有审视自己的统治方法，想要官吏尽职尽责为国家服务却不给出明确的立国方法。所以国家就会出现不服从法令的百姓，君主身边就会有不听从命令的官吏。因此圣明的君主治理国家时，在国内让百姓专心致志地从事农业生产，对外让百姓筹划对敌作战。从事农业生产，是百姓认为最为辛苦的事；对外打仗，是百姓认为最为危险的事。百姓愿意做自己认为最为辛苦的事，愿意干自己认为最为危险的事，这是百姓出于对利害关系的衡量。所以百姓活着的时候就要衡量自己的利益，死后也要考虑自己的名声。对于名誉和利益的来源，不能不认真审视。利益来源于土地，那么百姓就会把全部精力投入到农业生产上；名誉来源于战争，那么百姓对外作战时就会拼死冲杀。在国内能够让百姓专心致志地从事农业生产，那么土地就不会出现荒芜的状况；对外能够让百姓拼死作战，那么军队就一定能够战胜敌人取得胜利。作战时能够打败敌人而土地又不会出现荒芜的现象，那么国家富强的局面就很容易得到。

【原文】

今则不然。世主之所以加务者，皆非国之急也。身有尧、舜之行，而功不及汤、武之略①者，此执柄②之罪也。臣请语其过。夫治国舍势而任说说，则身修③而功寡。故事《诗》《书》谈说之士，则民游而轻其君；事处士④，则民远而非其上；事勇士，则民竞⑤而轻其禁；技艺之士用，则民剽⑥而易徙；商贾之士佚且利，则民缘⑦而议其上。故五民加于国用，则田荒而兵弱。谈说之士资在于口，处士资在于意，勇士资在于气，技艺之士资在于手，商贾之士资在于身。故天下一宅，而圜⑧身资。民资重于身，而徧⑨托势于外。挟重资，归徧家，尧、舜之所难也。故汤、武禁之，则功立而名成。圣人非能以世之所易胜其所难也，必以其所难胜其所易。故民愚，则知可以胜之；世知，则力可以胜之。臣愚，则易力而难巧；世巧，则易知而难力。故神农教耕而王天下，师其知也；汤、武致强而征诸侯，服其力也。今世巧而民淫，方效⑩汤、武之时，而行神农之事，以堕⑪世禁。故千乘惑乱，此其所加务者，过也。

【注释】

①略：获得，取得。②执柄：指君王。③修：修养，修为。④处士：有才德而不愿入仕的人。⑤竞：强悍。⑥剽：轻快。⑦缘：追随，攀附。⑧圜（huán）：环绕。⑨徧：同"遍"，普遍，遍及。有不少版本将"徧"字记作"偏"，进而解释为偏狭、偏私，这是不准确的。⑩方效：效仿。⑪堕：毁坏。有不少版本将"堕"字记作"随"，这是不准确的。"堕"字的繁体字为"墮"，"随"字的繁体字为"隨"，故易有此误。

【译文】

现在却不是这样的情况。国君们特别重视的竭力去做的，都不是国家当前要急于解决的事情。他们身上具备有尧、舜的

品德，但所建立的功绩却远远赶不上商汤和周武王，这就是他
们掌握权柄时出现的过错。请让我说一说他们所犯下的过错：
治理国家时把正确的治理方法弃之一边而喜欢任用空谈的人，
这样的话即便自身修养再好而功绩却寥寥无几。所以说任用那
些崇尚《诗》《书》的空谈人士，那么百姓就会四处游荡并且
不尊重国君；任用那些有才德的隐逸之士，那么百姓就会远离
国君并且处处诽谤国君；任用那些喜欢打斗的勇武之士，那么
百姓就好斗并且不重视国君的禁令；任用那些靠手艺吃饭的技
艺之士，那么百姓就轻浮好动并且喜欢迁移；任用那些生活安
逸又能赚钱的商贾之士，那么百姓就会喜欢攀附并且议论国
君。如果国家任用这五种人，必然会出现田地荒芜而兵力衰弱
的局面。空谈之士的能力在于巧言善辩，隐逸之士的能力在于
心志高洁，勇武之士的能力在于勇气，技艺之士的能力在于一
双巧手，商贾之士的能力在于把握商机。所以说这些人四海为
家，他们谋生的能力都附着在自己身上。百姓把谋生的能力看
得比性命还要重要，他们要是离开自己的土地，到了外面就必
须依附于权势。百姓携带谋生的能力，四处寻找安身立命的地
方，这样的话即便是尧、舜这样圣明的帝王也无法将国家治理
好。所以商汤和周武王禁止这类情况发生，从而建立出功业成
就了一世英明。圣明的君主治理国家并非用世上容易做到的去
驾驭难以做到的，一定是用难以做到的去驾驭容易做到的。如
果百姓愚昧，那么就用智慧去战胜他们；如果百姓智慧，那么
就用力量战胜他们。百姓愚昧，那么他们就以出力气为容易的
事而以机巧为难事；百姓机巧，那么他们就以智慧为容易的事
而以出力为难事。因此神农氏教人耕田种地而称王于天下，他
这样做就是让当时的百姓学习他的智慧；商汤和周武王分别组

建出强大的军队而征服天下各路诸侯，这是让诸侯们屈服于他们强大的军事实力。现在善于机巧的人很多，而百姓中放荡的人也很多，眼下正是效仿商汤和周武王的大好时机，可是国君们偏偏在做神农氏当年所做的事情，这就犯了治理国家的禁忌。所以说那些拥有千辆兵车的大国也会混乱不堪，这都是因为他们特别重视的事情，都是错误的事情。

【原文】

民之生①：度而取长，称而取重，权而索利。明君慎观三者，则国治可立，而民能可得。国之所以求民者少，而民之所以避求者多。入使民属于农，出使民壹于战。故圣人之治也，多禁以止能②，任力以穷③诈。两者偏用，则境内之民壹；民壹，则农；农，则朴；朴，则安居而恶出。故圣人之为国也，民资藏于地，而偏托危④于外。资藏于地则朴，托危于外则惑。民入则朴，出则惑，故其农勉而战戢⑤也。民之农勉则资重，战戢则邻危。资重则不可负而逃，邻危则不归。于无资、归危外托，狂夫之所不为也。故圣人之为国也，观俗立法则治，察国事本则宜。不观时俗，不察国本，则其法立而民乱，事剧⑥而功寡，此臣之所谓过也。

【注释】

①生：通"性"，天性，本性。②能：能力，这里指农战以外的谋生能力。③穷：杜绝。④危：通"诡"，欺诈。⑤戢（jí）：通"疾"，积极从事。⑥剧：多。

【译文】

人的天生本性是：用尺子量后会选取长的，用秤称完重量后会选取重的，权衡得失后会选择对自己有利的。英明的君主如果能用心思考这三种情况，这样的话治理国家的原则就能够确立，而百姓的才能就可以得到充分的利用。国家对百姓的要求并不多，而百姓躲避国君要求的办法却非常多。在国内要想使百姓专心致志地从事农业生产，对外让百姓专心致志地作战。所以圣明的国君治理国家时，就要根据实际情况制定出许多禁令来限制百姓除农耕和作战以外的才能，利用百姓相互监督的能力来杜绝欺诈行为。这两种方法如果普遍推广，国内的百姓就会只有一个想法；百姓只有一个想法，就会专心致志地从事农业生产；百姓专心致志地从事农业生产，性格就会变得朴实；百姓性格朴实，就会安心居住在一个地方而讨厌外出。所以圣明的国君治理国家时，一定要让百姓的收入来源于土地，而在外面只能承受种种难以预料的危险。百姓把收入来源寄托在土地上就会表现得格外朴实，在外面承受种种难以预料的危险就会产生疑惑。百姓在土地上劳动就朴实，在外面就感到疑惑，所以他们从事农业生产时就会尽心尽力而作战时就会空前的团结一致。百姓尽心尽力地从事农业生产所获得的财物就会逐渐增多，作战时团结一致敌国就会害怕。百姓的财物多了就不容易带着逃到国外去，邻国危险也不敢去投靠。放弃国内的财产，前往处于危险中的邻国进行寄居，即便是疯子也不会干这样的事。所以圣明的国君治理国家时，不考察当时的风俗，不认真分析国家的根本，那么国家即便制定了法令而百姓却依然混乱不堪，政事尽管非常繁忙而功绩却非常少，这就是我所说的过失啊。

【原文】

夫刑者，所以禁邪也；而赏者，所以助禁也。羞辱劳苦者，民之所恶也；显荣佚乐者，民之所务也。故其国刑不可恶而爵禄不足务也，此亡国之兆也。刑人复[1]漏，则小人辟淫而不苦刑，则徼倖[2]于上以利求。显荣之门不一，则君子事势以成名。小人不避其禁，故刑烦。君子不设[3]其令，则罚行。刑烦[4]而罚行者，国多奸。则富者不能守其财，而贫者不能事其业，田荒而国贫。田荒，则民诈生；国贫，则上匮赏。故圣人之为治也，刑人无国位，戮人[5]无官任。刑人有列，则君子下其位；衣锦食肉，则小人冀[6]其利。君子下其位，则羞功；小人冀其利，则伐[7]奸。故刑戮者所以止奸也，而官爵者所以劝功也。今国立爵而民羞之，设刑而民乐之。此盖法术之患也。故君子操权一正以立术，立官贵爵以称之，论劳举功以任之。则是上下之称平。上下之称平，则臣得尽其力，而主得专其柄。

【注释】

①复：通"覆"，覆盖，掩藏。②徼倖：即侥幸。③设：陈设，宣扬。④烦：通"繁"，繁多，繁杂。⑤戮人：罪人。⑥冀：希望，觊觎。⑦伐：夸耀，卖弄。

【译文】

刑罚，是用来惩治奸邪的手段；赏赐，是用来辅助惩治奸邪的手段。羞耻、屈辱、劳累、痛苦，都是百姓所厌恶的；显贵、荣耀、安逸、快乐，都是百姓乐于追求的。所以一个国家的刑罚无法让百姓产生惧怕，那么这个国家的爵位、俸禄就不

值得百姓去追求，这样的话就是国家灭亡的征兆。如果本该接受刑罚的罪人能够逃脱和规避惩罚，那么百姓就会奸邪放纵而不害怕刑罚，就会对国君抱有侥幸心理而去谋取私利。如果通往显赫荣耀的道路不止一条，那么官吏就会攀附于权贵来获取名誉。百姓不对国家的禁令产生敬畏，所以触犯刑罚的现象就会越来越多。官吏不严格执行国家的法令，那么刑罚就会出现错乱。刑罚繁多而又杂乱，国内的奸邪之人就会多起来。这样的话富人就不能保护好自己的财产，穷人就无法安心地从事自己的职业，田地因此荒芜，国家就陷入贫困状态。田地荒芜，百姓中就会滋生出欺诈的行为；国家贫穷，国君就缺少进行赏赐的财物。所以圣明的君主治理国家时，但凡受到过刑罚的人就不准在国家中享有地位，犯过罪的人就不能在政府部门任职。如果受过刑罚的人进入政府部门，那么官吏就会看不起自己的官位；如果犯过罪的人可以享受到锦衣玉食，那么百姓就会贪图他们获得的利益。官吏看不起自己官位，就会因自己忠于职守而感到可耻；百姓贪图不正当的利益，就会把欺骗、狡诈作为炫耀的资本。所以刑罚是用来禁止百姓犯奸作邪的手段，而官职和爵位是用来鼓励人们立功的手段。现在国家设置官位和爵位而人们却以忠于职守为耻，制定刑罚而人们却以违反法令为荣。这就是法度实施上的弊端。因此国君必须紧握权柄制定出行之有效的统治方针，根据贡献的大小把相应的官爵奖励给百姓，按照功劳的大小来任用群臣。这样的话上下就会保持平衡。上下平衡，臣民就会为国家尽心尽力，国君也就能掌控好统治国家的权柄。

开塞第七

开塞，即开启、疏通阻塞的道路，可以更深层次的理解为清除统治中的种种弊端。《商君书》中的这篇文章原本的名字叫《启塞》，《淮南子·泰族训》记："今商鞅之启塞，申子之三符，韩非之孤愤，张仪苏秦之从衡"，汉武帝时为避汉景帝刘启之讳，才把名字改为《开塞》。

本篇中把国家政治的发展过程总结为三个阶段，这三个阶段的治理方法因社会现状不同也不尽相同。因此，要想把国家治理好，既不能完全照搬古代的做法，也不能拘泥于现有的规章制度。拘泥于现有的规章制度，就会对政治的发展产生阻碍，这就是政治上的弊端。

文中认为时代在不停地变化着，现在的百姓早已失去了先民的淳朴，并且变得虚伪狡诈。面对这种情况，儒家的仁政思想已经过时落伍了，必须采用法制才能管理好百姓。商鞅的法制核心是刑多赏少，目的就是通过刑罚的手段打击犯罪，把百姓紧紧地束缚在土地上。商鞅的法制思想看似严苛，却能有效地打击犯罪，为百姓提供生活保障；看似与儒家的仁义相反，在德治上却与儒家殊途同归。

文中指出已塞之道即是指汤（商汤）武（周武王）征伐诸侯、统一天下之道。不过汤武之道已经堵塞很久，才使自春秋以来的数百年间诸侯互相攻伐，天下动荡不安，再没能出现像夏商周三代那样能使天下安定的第四个朝代。因此，本文所讨论的，就是如何开启久塞的汤武之道。这一篇中的有些观点与前一篇相重复，有些观点标新立异，如"有法不胜其乱，与无法同"，不仅强调了法制在政治中的作用，同时还强调了法制的执行力，这也是一种高见。

【原文】

天地设而民生之①。当此之时也，民知其母而不知其父，其道亲亲②而爱私。亲亲则别③，爱私则险④。民众，而以别险为务，则民乱。当此时也，民务胜而力征⑤。务胜则争，力征则讼，讼而无正，则莫得其性⑥也。故贤者立中正，设无私，而民说⑦仁。当此时也，亲亲废，上⑧贤立矣。凡仁者以爱利为务，而贤者以相出⑨为道。民众而无制，久而相出为道，则有乱。故圣人承之，作为土地、货财、男女之分⑩。分定而无制，不可，故立禁；禁立而莫之司⑪，不可，故立官；官设而莫之一，不可，故立君。既立君，则上贤废而贵贵⑫立矣。然则上世亲亲而爱私，中世上贤而说仁，下世贵贵而尊官。上贤者以道相出也，而立君者使贤无用也。亲亲者以私为道也，而中正者使私无行也。此三者非事相反也，民道弊而所重易也，世事变而行道异也。

【注释】

①天地设：语出《易·系辞上》："天地设位，而《易》行

平其中矣。"设：确立位次。民生之：在天地的位次确立后，人类得以诞生。②亲亲：爱自己的亲人，这是儒家最为倡导的理念。孔子曰："仁者人也。亲亲为大。"(《中庸》)③别：将别人与自己区分开，分别对待。这是儒家"亲亲"观念的延伸，却是墨家极力攻击的对象。④险：邪恶。⑤征：争夺，夺取。《孟子·梁惠王上》记："上下交征利而国危矣。"意思是说，当居上位者与居下位者互相争夺利益时，国家就危险了。⑥性：欲望。⑦说：同"悦"。⑧上：同"尚"，崇尚。尚贤是墨家的核心观点。⑨出：推出，推举。⑩分：名分，即关于各种人和物的权限、地位和标准的规定性。⑪司：掌管。⑫贵贵：尊重权贵。

【译文】

自从开天辟地以后人类就诞生了。这个时期，人们只知道自己的母亲是谁而不知道谁是自己的父亲，他们的处世原则和道德标准是爱自己的亲人和喜欢私利。爱自己的亲人就会有近亲远疏的区别，喜欢谋取私利就会出现邪恶之心。人口多了，又存在亲疏区别和心存邪念，那么社会就变得混乱了。这个时期，人们都会想办法压制对方而竭尽全力地夺取财物。压制对方必然发生争斗，夺取财物必然引发纠纷，发生纠纷后又没有一个公道的办法去解决和处理，那么人们就没法过正常的生活了。所以智者给公正确立了标准，给无私确立了原则，于是人们喜欢上了仁爱。这个时期，人们只爱自己亲人的狭隘思想已经不适应社会的发展，自然就被废除了，于是崇尚贤德的观念被顺理成章地树立起来。凡是具有仁爱之心的人都把爱护他人、对他人有利当作自己的分内之事，而贤良之人把举荐贤良

之人视为道义。人口多而没有相应的管理制度，长期任用举荐的贤良之人进行社会管理，发生混乱是必然的结果。因此圣人为了顺应社会的发展，确立了土地、财货、男女等的名分。有了名分而没有制度，不行，于是就设立相应的法令；有了法令而缺少人管理，不行，于是就设立了相对的官职；有了官职而缺少人统一领导，不行，于是就设立了君主。君主确立以后，崇尚贤德的思想不再顺应时代的发展潮流，自然也就被废除了，而尊重权贵的原则随之被确立起来。如此说来，上古时代人们爱自己的亲人而喜欢私利，中古时代人们崇尚贤人而喜欢仁爱，近古时代人们推崇权贵而尊重官吏。崇尚贤德的时代，人们所遵循的治国之道就是举荐贤良之人，当君主的地位设立以后崇尚贤人治理的原则就没有用武之地了。爱自己的亲人建立在自私自利的基础上，当奉行公正之道后，自私自利没了生存之地。这三个时代的人们并非刻意要做相互违背的事情，而是随着时代的发展人们所重视的东西也发生了改变，社会形势发生变化人们的做事行为和处世准则也随之发生变化。

【原文】

　　故曰：王道有绳①。夫王道一端，而臣道亦一端，所道则异，而所绳则一也。故曰：民愚，则知②可以王；世知，则力可以王。民愚，则力有余而知不足；世知，则巧有余而力不足。民之生③，不知则学，力尽则服。故神农教耕而王天下，师其知也；汤、武致强而征诸侯，服其力也。夫民愚，不怀而问；世知，无余力而服。故以王天下者并④刑，力征诸侯者退德。

【注释】

①绳：原指木工用的墨线，引申为规律准则。②知：通"智"，智慧。③生：通"性"。④并：通"摒"，摒除。

【译文】

所以说：君王统治天下是有规律可循的。君王统治天下是一种方法，臣子辅佐君王统治天下又是另一种方法，他们所奉行的原则有所不同，但却遵守着同一个规律。所以说：当百姓愚昧时，那么统治者使用智慧就能称王于天下；当百姓聪慧时，那么统治者使用实力就能称王于天下。百姓愚笨时，就显得力量过多而智慧不足；百姓聪慧时，就显得聪明多余而实力不足。人的天然本性是：知道的少就有学习的念头，力量耗尽就会屈服。所以神农氏教人耕田种地而称王于天下，根本原因是人们需要向他学习智慧；商汤和周武王拥有强大的兵力而征服了诸侯，这是诸侯屈服于他们的实力。百姓愚笨，思想贫乏想法单一就会向他人求教；百姓聪慧，当全部力量用尽后就会向他人屈服。所以靠智慧称王于天下的人就把刑罚弃之一边，用实力征服诸侯的人就把德政弃之一边。

【原文】

圣人不法古，不修①今。法古则后于时，修今则塞于势。周不法商，夏不法虞。三代异势，而皆可以王。故兴王有道，而持②之异理。武王逆取③而贵顺，争天下而上让。其取之以力，持之以义。今世强国事兼并，弱国务力守，上不及虞、夏之时，而下不修汤、武。汤、武塞，故万乘莫不战，千乘莫不

守。此道之塞久矣，而世主莫之能废^④也，故三代不四。非明主莫有能听也，今日愿启之以效。

【注释】

①修：因循，沿袭。②持：守。③逆取：周武王以诸侯的身份夺取帝位，不符合君臣之道，所以叫"逆取"。④废：通"发"，开启。古文中常以"废"与"发"通用。

【译文】

英明的君王治理国家时不效法古人，也不因循现状。效法古人势必落后于时代，势必阻碍社会的发展。周朝不效法商朝，夏朝不效法虞舜时代。夏、商、周三代的统治不尽相同，却都可以称王于天下。所以要想开创王业需要遵循一定的方法，而守住王业的方法却并不相同。周武王采取以下犯上的反叛手段夺取政权，却又推崇顺应君王的治国思想。他采用武力夺取天下，守天下使用的却是仁义。如今这个时代，强国致力于使用武力兼并弱国，弱国竭尽全力进行防守，从远的来说没有承袭虞舜、夏朝的治国思想，从近的来说没有遵循商汤、周武王的治国法则。商汤、周武王的治国之道已经严重被堵塞了，所以拥有万辆兵车的大国都在对外发动战争，拥有千辆兵车的小国都在积极防守。商汤、周武王的统治之道已经严重堵塞了很久，可现在没有一个有能力的国君去开启商汤、周武王的治国方法。因此夏、商、周三代以后还没有出现第四个与之相似的朝代。倘若不是圣明的君王是不会把我的这番话听进去的，今天我想用实际效果来阐明这个道理。

【原文】

古之民朴以厚，今之民巧以伪。故效于古者，先德而治；效于今者，前刑而法。此俗之所惑也。今世之所谓义者，将立民之所好，而废其所恶。此其所谓不义者，将立民之所恶，而废其所乐也。二者名贸实易①，不可不察也。立民之所乐，则民伤其所恶；立民之所恶，则民安其所乐。何以知其然也？夫民忧则思，思则出度②；乐则淫，淫则生佚③。故以刑治，则民威④；民威，则无奸；无奸，则民安其所乐。以义教，则民纵⑤；民纵，则乱；乱，则民伤其所恶。吾之所谓刑者，义之本也；而世所谓义者，暴⑥之道也。夫正民者，以其所恶，必终其所好；以其所好，必败其所恶。

【注释】

①名贸：名称被颠倒，即世人将"义"称作"不义"，将"不义"称作"义"。实易：实际被颠倒，即"立民之所好，而废其所恶"实际上是不义之举，却被视为义举；"立民之所恶，而废其所乐"实际上是义举，却被视为不义之举。②出：产生。度：法度。③佚：安逸。④威：通"畏"，畏惧。⑤纵：恣肆，放纵。⑥暴：凶恶。

【译文】

古代的百姓敦厚而淳朴，现在的百姓机灵而虚伪。所以在古代治理国家行之有效的方法是，对百姓进行道德教化而实现德治；现在治理国家行之有效的方法是，对百姓进行刑罚而实现法制。两种方式进行对比，便可发现差异，这其中的差异，世俗之人难以理解。当今社会所理解的"义"，就是确立百姓

所喜好的，抛弃百姓所讨厌的。当今社会所理解的"不义"，就是确立百姓所讨厌的，抛弃百姓所喜好的。这分明就是把义和不义进行调换和颠倒，这种怪现象必须要弄清楚。确立百姓所喜好的仁义，那么百姓就会被讨厌的刑罚所伤害；确立百姓所厌恶的刑罚，那么百姓就能安于奉行仁义。凭什么知道会是这样呢？因为当人们出现忧虑时就会产生思考，思考后再做的事情就合理合法。人因快乐而放纵自己，放纵自己就会犯下错误。所以用刑罚治理国家，那么百姓就会产生畏惧心理；百姓畏惧，就不会发生违法乱纪的事情；不发生违法乱纪的事情，那么百姓就可以享受属于自己的快乐。用仁义教化百姓，那么百姓就会放纵自己；百姓放纵自己，那么就会胡作非为；胡作非为，那么百姓就会犯罪而被所讨厌的刑罚所伤害。我所说的刑罚，实际上就是仁义的根本；而世人口中所谓的仁义，恰好是产生暴乱的根源。治理百姓，一定要用他们所厌恶的刑罚去治理，最终百姓一定能够得到他们所喜欢的；倘若用百姓所喜好的仁义去治理，他们一定会被自己厌恶的刑罚所伤害。

【原文】

治国刑多而赏少，故王者刑九而赏一，削国赏九而刑一。夫过①有厚薄，则刑有轻重；善有大小，则赏有多少。此二者，世之常用也。刑加于罪所终，则奸不去；赏施于民所义，则过不止。刑不能去奸而赏不能止过者，必乱。故王者刑用于将过，则大邪不生；赏施于告奸，则细过不失。治民能使大邪不生，细过不失，则国治。国治必强。一国行之，境内独治。二国行之，兵则少寝②。天下行之，至德复立。此吾以杀刑之反③于德而义合于暴也。

【注释】

①过：过失，错误。②寝：平息、停止。③反：古同
"返"。

【译文】

政治清明百姓安居乐业的国家刑罚多而赏赐少，所以称王
于天下的国家刑罚占九成赏赐占一成，弱小的国家赏赐占九成
刑罚占一成。百姓所犯下的过错有大有小，所以相对应的刑罚
有轻有重；百姓的善行有大有小，国家给予的赏赐也相应的有
多有少。刑罚与赏赐这两种手段，是治理国家时常用的方法。
在百姓犯罪之后给予相对应的刑罚，那么奸邪行为就不会彻底
根除；在百姓实行道义后给予相对应的奖励，那么就不会杜绝
犯罪。刑罚不能根除奸邪，赏赐不能杜绝犯罪，这样的话国家
必然混乱。因此称王于天下的国君会把刑罚作用于百姓犯罪之
前，这样的话大奸大恶就不会产生；把赏赐作用于揭发犯罪方
面，这样的话细小的罪过也不会漏网，那么国家就一定能得到
治理。一个国家这样做，该国就政治清明、独享太平；两个国
家这样做，就可以减少爆发战争。天下的国家都这么做，最高
的道德境界就会重新建立起来。这就是我所阐述的刑罚可以让
道德归位而"仁义"反倒符合于残暴。

【原文】

古者，民蕠①生而群处，乱，故求有上也。然则天下之乐

有上也，将以为治也。今有主而无法，其害与无主同；有法不胜其乱，与无法同。天下不安无君，而乐胜其法，则举世以为惑也。夫利天下之民者莫大于治，而治莫康②于立君，立君之道莫广于胜法，胜法之务莫急于去奸，去奸之本莫深于严刑。故王者以赏禁，以刑劝。求过不求善，藉③刑以去刑。

【注释】

①蕵（cóng）："丛"的异体字，聚集，丛生。②康：重大，重要。③藉（jiè）：凭借，通过。

【译文】

古时候，人们聚在一起过群居生活，当时的社会秩序混乱，希望有一个首领带领大家。从这个角度而言，天下人之所以愿意有个首领，是希望能在首领的带领下把社会治理好。现在有君王而没有法规，这样的话它产生的危害与没有君王是一样的；有了法规而无法制止混乱，这样的话与没有法规是一样的。天下的人都不希望没有君王，却偏偏喜欢摆脱法律的控制，那么天下的人对此都会感到困惑。对百姓有利的事没有比把天下治理好更大的了，而要想把社会治理好没有比确立君王的统治地位更重要的事了。确立君王的统治地位没有比实行法制更重要的事了，实行法制的目的没有比根除奸邪更迫切的事了，根除奸邪的根本没有比严峻刑罚更重要的事了。所以称王于天下的君王用赏赐的方式禁止百姓犯罪，用刑罚规范百姓的言行。追究百姓的过错而无视他们的善行，利用刑罚去根除他们的犯罪行为。

壹言第八

【题解】

壹言，指统一言论，具体为"国务壹"和"壹民务"两个方面。"国务壹"指统一国家政令，设立明确的规范，这样的话百姓才能服从和对国家政令产生敬畏心理，国家的力量才能显示出强大性。"壹民务"指百姓所从事的职业要统一，即专门从事农耕和作战，只有通过这种方式，国家才能走上富强之路。

本篇中，商鞅以哲学的方式，对农战进行辩证的剖析。他认为，合理使用民力，是治理国家的关键。关于如何有效地使用民力，商鞅把它分为两个方面：一是凝聚，二是消耗，所以他说："夫圣人之治国也，能抟力，能杀力。"倘若民力无法凝聚，就不能达到富国强兵的目的；倘若不能有效地消耗民力，百姓就会产生动乱。所以，国君治理国家时，没有必要去效法古人，也没有必要拘泥于现状，只要根据实际情况来调动和使用民力就可以了。

有意思的是，在商鞅的想法里，杀力主要通过攻击敌方来实现，即"杀力以攻敌也"。问题是，当敌对国家都被消灭，天下统一后，又该如何解决杀力呢？秦始皇统一天下后，未能

很好地解决这个问题，导致他死后仅仅过了三年，秦朝就灭亡了。当然，我们不能把这个责任怪罪到商鞅身上，商鞅变法的目的是使秦国走向富强，而没有考虑到统一天下后该如何治理国家。

【原文】

凡将立国，制度不可不察也，治法不可不慎也，国务不可不谨也，事本不可不抟也。制度时①，则国俗可化，而民从制；治法明，则官无邪；国务壹，则民应用；事本抟，则民喜农而乐战。夫圣人之立法、化俗，而使民朝夕从事于农也，不可不变也。夫民之从事死制②也，以上之设荣名、置赏罚之明也，不用辩说私门而功立矣。故民之喜农而乐战也，见上之尊农战之士，而下③辩说技艺之民，而贱游学之人也。故民壹务，其家必富，而身显于国。上开公利而塞私门，以致民力；私劳不显于国，私门不请于君。若此，而功臣劝，则上令行而荒草辟，淫民止而奸无萌。治国能抟民力而壹民务者，强；能事本而禁末④者，富。

【注释】

①时：符合时宜。②死制：死于制，为遵从国家的法制而死。③下：以……为下，轻视。④末：末业，这里指商业。

【译文】

只要建立一个国家，关于制定的典章制度不能不真正考虑，关于颁布的政策法令不能不慎重研究，对于国家的政务问题不能不谨慎处理，从事国家的基础之业不能不集中力量。国家的制动符合当时的实际情况，这样的话国家的风俗就可以改变，而百姓就服从现行的制度；国家的政策法令清晰明确，这样的话官吏就不敢做奸邪的事情；国家的政务统一，这样的话百姓就听从国家的调用；从事国家的基础之业集中力量，这样的话百姓就喜欢专心从事农业生产并愿意为国家打仗。圣明的君王确立法令政策和改变风俗的目的，就是让百姓从早到晚从事农业生产，这个道理不能不清楚。百姓之所以愿意为国家拼死效力，主要原因是君王设立了荣誉和爵位，设置了明确的赏罚制度，百姓不需要靠空谈、行私请托就可以建功立业。百姓之所以喜欢专心从事农业生产并愿意为国家打仗，那是因为他们看到君王尊重从事农耕和作战的人，瞧不起那些喜欢空谈和靠技艺混饭吃的百姓，鄙视那些四处游说的人。所以百姓专心从事农战，家庭一定就能富足，而自己也会因从事农战在国内显得很有面子。国君打开了获取公家利益的途径而堵住了行私请托的门路，国家用这种方式吸引了百姓的力量；为私人效力就不能在国家中显达，私人请托在国君那里也行不通。如果是这样的话，为国家立下功劳的人就能够得到鼓励，国君的命令就能有效地得到执行而荒地也能够得到很好的开垦，百姓就不再四处游荡而犯罪现象也不再发生。用这样的方法治理国家就能把百姓的力量凝聚到农战上，那么国家就会强大；能够使百姓从事农战而禁止商业、手工业，国家就会富裕。

【原文】

　　夫圣人之治国也，能抟力，能杀力。制度察则民力抟，抟

而不化则不行，行而无富则生乱。故治国者，其抟力也，以富国强兵也；其杀力也，以事①敌劝民也。夫开而不塞，则知②长；长而不攻③，则有奸。塞而不开，则民浑④；浑而不用，则力多；力多而不攻，则有奸虱。故抟力以壹务也，杀力以攻敌也。治国者贵民壹，民壹则朴，朴则农，农则易勤，勤则富。富者废⑤之以爵，不淫；淫者废之以刑，而务农。故能抟力而不能用者必乱，能杀力而不能抟者必亡。故明君知齐⑥二者，其国强；不知齐二者，其国削。

【注释】

①事（zì）：通"剚"，刺杀。②知：同"智"。③攻：攻打敌国。④浑：愚昧，无知。⑤废：衰败，这里指削减。⑥齐（jì）：通"剂"，调剂。

【译文】

圣明的君王治理国家时，既可以凝聚百姓的力量，也能消耗百姓的力量。制定制度时考虑得周全就可以凝聚百姓的力量，当把百姓的力量凝聚到一起却不正确引导，百姓的力量就不能充分发挥出来，百姓为国家效力却不能发家致富就会发生动乱。因而，治理国家，凝聚百姓的力量，其目的就是让国家富裕和军队强大；消耗百姓的力量，其目的就是消灭敌人鼓励百姓立功。假如国君仅仅打开为国效力而受到奖赏的门路但不堵死谋求私利而请托的门路，那么百姓的想法就会增多；百姓的想法一旦增多了就不愿去攻打敌国，就会产生一些邪恶之事。堵死谋求私利而请托的门路但不打开为国家效力受到奖赏的门路，那么百姓就会愚昧无知；百姓愚昧无知又没有充分地利用他们，那么百姓的力量就会增加；百姓的力量增加又不去攻打敌对国家，那么就会产生虱害。所以集中百姓的力量用于专门从事农业生产，消耗百姓力量的最好办法就是攻打敌对国家。治理国家最为重要的一点就是使百姓努力的目标一致，这样的话百姓就显得单一淳朴，单一淳朴就会从事农业生产，百姓从事农业生产就会变得勤劳，勤劳就会变得富裕。对于富裕起来的人可以用官爵消耗他们的财产，他们就不会恣意放纵；用刑罚惩治行为放荡之人，他们就会老老实实地从事农业生产。所以能够凝聚百姓的力量而不能充分使用百姓力量的国家一定会发生动乱，只能够使用百姓的力量而不能凝聚百姓力量的国家必然走向灭亡。因此国君应该知道从这两个方面调剂百姓的力量，国家就会强大；国君不知道从这两个方面调剂百姓的力量，国家必然会被削弱。

【原文】

夫民之不治者，君道①卑也；法之不明者，君长乱也。故明君不道卑、不长乱也；秉权而立，垂法②而治，以得奸于上，而官无不③；赏罚断，而器用有度。若此，则国制明而民力竭，上爵尊而伦徒④举。今世主皆欲治民，而助之以乱；非乐以为乱也，安其故而不窥于时也。是上法古而得其塞，下修令而不时移⑤，而不明世俗之变，不察治民之情，故多赏以致刑，轻刑以去赏。夫上设刑而民不服，赏匮而奸益多。故民之于上也，先刑而后赏。故圣人之为国也，不法古，不修今，因世而为之治，度俗而为之法。故法不察民之情而立之，则不成；治宜于时而行之，则不干⑥。故圣王之治也，慎为、察

务，归心于壹而已矣。

【注释】

①道：开导，引申为放任，不阻拦。②垂法：使用法律。③不：通"否"（pǐ），邪恶。④伦徒：这里指百姓。⑤时移：因时而变。⑥干（gān）：盾牌，引申为触犯，抵制。

【译文】

百姓没被治理好的根本原因，是因为国君采取的政治措施并不高明；国家法规法令无法严格执行的根本原因，是因为国君助长了国内的混乱行为。所以英明的国君不会采用平庸的政治措施，绝不可能助长国内的混乱行为；国君手握大权主持朝政，严格使用法律治理国家，在上能够惩治奸邪之人，官吏中也就不敢出现邪恶的行为了；赏罚决断合理，百姓做出的各种器物都符合规矩。如果是这样的话，那么国家的制度清晰明确而百姓的力量就能充分地被利用起来，国君设置的爵位就显得异常的珍贵而人才也得以被选拔出来。现在各个国家的国君都想把百姓治理好，不料想却助长了他们的混乱行为；并不是国君们乐于助长百姓的混乱行为，是因为他们非但没看清当前的形势还在继续使用过去的陈规陋习。这样的话，尽管他们向上效法古代而获得一些治国方法但在现在根本行不通，向下拘泥眼前的现状却不因时而变，没搞清楚社会风俗已经变了，没有看到百姓生活的实际情况，因此就滥用奖赏反而招致来刑罚，减少刑罚反而使奖赏失去原有的目的与意义。百姓不服从国家设立的刑罚，奖赏用尽了财物可是犯罪的事情不但没减少反而更多。所以君王对待百姓，应该采用重刑轻赏的方式。因此，圣明的君王治理国家时，不效仿古代帝王的做法也不拘泥于现状，应根据时代发展的具体状况制定出相应的政策，考察社会风俗制定出相关的法令法规。如果法度不根据百姓的实际情况而设立，就行不通和不会成功；颁发的政策适应当时的形势，百姓就不会产生抵触情绪。所以英明的君王治理国家时，基本上是慎重地制定法令，认真分析和研究当时的社会状况，把精力集中在农耕和作战上而已。

错法第九

【题解】

错法，就是建立法度。错，通"措"。文中所说的法，主要是指奖赏和刑罚。本篇讨论了依法治国的基本精神，即公平、公正、公开。每个人都有局限性，君王要想建立功业，必须组织和依靠百姓来共同完成，而愿意为君王所用，是因为人性中有喜好和厌恶之分。

商鞅认为，法的根本是赏罚分明，根据一个人功劳或过错的大小进行赏罚，而不是出于个人意志而进行赏罚。否则，就会"有爵行而兵弱者，有禄行而国贫者，有法立而治乱者"。君王应该充分利用百姓的喜好与厌恶心理，以奖赏和刑罚来控制百姓的思想，使他们心甘情愿地为国家效力。当然，奖赏与刑罚必须建立在公平、公正、公开的基础上。如果君王有了私心，奖赏与刑罚出现不公平的情况，那么奖赏就无法激励到百姓，刑罚就无法威慑到百姓，即便法令法规制定得再详细，都难以施行，因此也就无法实现国富兵强了。对此，商鞅还写道："是故人君之出爵禄也，道明。道明，则国日强；道幽，则国日削。故爵禄之所道，存亡之机也。"把奖赏机制的原则提升到关乎国家"存亡之机"的高度，从中我们看出商鞅对法制精神的执着。

最后，《错法》以离朱、乌获为例子，说明有些天赋是先天而生，一般人很难获得，但正确的设立和使用法度完全可以弥补先天不足，可以使普通的君王成为圣明的君王，这就是法的重要作用。

【原文】

臣闻：古之明君，错法而民无邪；举事而材自练①；赏行而兵强。此三者，治之本也。夫错法而民无邪者，法明而民利之也。举事而材自练者，功分②明；功分明则民尽力，民尽力则材自练。行赏而兵强者，爵禄之谓也。爵禄者，兵之实也。是故人君之出爵禄也，道明。道明③，则国日强；道幽④，则国日削。故爵禄之所道，存亡之机也。夫削国亡主非无爵禄也，其所道过也。三王五霸⑤，其所道不过爵禄，而功相万者，其所道明也。是以明君之使其臣也，用必出于其劳，赏必加于其功。功赏明，则民竞于功。为国而能使其民尽力以竞于功，则兵必强矣。

【注释】

①举事：行事。材：通"才"，才能。练：干练。②功分：职分。③道明：这里指遵循符合国家公开的奖赏条件。④道幽：这里指在公平、公正、公开透明的奖赏之外，还存在徇私舞弊、暗通款曲的奖赏。⑤三王五霸：三王，即夏商周三代的圣王。五霸，即春秋五霸。

【译文】

　　我听说：古代贤明的君王，建立起法度后，百姓就不会产生邪恶的行为；施行政事，人才的处事能力非常干练；实施奖赏，军队就会变得格外强大。这三点是治理国家的基本要素。君王建立起各种法令法规百姓就不会出现邪恶的行为，是因为国家的法令法规严明而百姓认为有利于自己。施行政事人才干练，是因为各行其职，职务分明；职务分明百姓就会尽力而为，尽力而为人才就自然干练。实行奖赏，军队就强大，是针对爵禄而言。爵禄是军队中最实用的奖赏，因此君王赐予爵位和俸禄时，必须严格执行先前已经制定好的公开的奖赏条件进行奖赏。严格执行先前已经制定好的公开的奖赏条件，国家就会因此一天比一天强大；不严格执行先前已经制定好的公开的奖赏条件，国家就会因此一天比一天衰弱。所以赐予爵禄所遵循的途径，关系到国家的生死存亡。那些弱小的国家和亡国的国君，并不是因为他们没有赏赐爵禄，是因为他们赏赐爵禄时选择了一个错误的途径。三王五霸，他们所使用的治国方法也不过是赏赐爵禄，但为此获得了比他国高万倍的功效，原因在于他们赐予爵禄严格执行先前已经制定好的公开的奖赏条件。因此，英明的君王使用臣下时，必然根据个人功劳的大小而去任用他们，一定会因功劳的大小赏赐他们。只要论功行赏的原则明确了，那么百姓就会争先恐后地去立功。治理国家能让百姓争先恐后地去立功，那么军队就一定能强大起来。

【原文】

　　同列而相臣妾者，贫富之谓也；同实而相并兼者，强弱之谓也；有地而君，或强或弱者，乱治之谓也。苟有道，里地足容身，士民可致也；苟容市井，财货①可聚也。有土者不可以言贫，有民者不可以言弱。地诚②任，不患无财；民诚用，不畏强暴。德明教行，则能以民之有为己用矣。故明主者，用非其有，使非其民。

【注释】

①财货：财物。②诚：确实。

【译文】

原本社会地位相同，处在同一个地位的一方却被另一方奴役，这是因为贫富不同所造成的；原本社会地位相同的国家一方却被另一方兼并，这是因为国家强弱不同所造成的；拥有土地做了国君而有的国家强大有的国家弱小，这是因为政治混乱与政治清明所造成的。如果统治有方，哪怕即便是方圆一里大小的土地也足以安身，也足以吸引有能力的人；即使苟且生活在闹市区，也可以积累出财富。只要拥有土地就不能说贫穷，只要拥有百姓就不能说自己很弱小。土地只要充分利用起来，就不愁没有财富；百姓只要实实在在地听从君王的话，就不惧怕强大的敌人。君王具有高尚的品德又能严格执行法令，这样的话百姓所有的力量就能为自己所用。所以英明的君王可以利用的不仅仅是自己拥有的东西，还可以去奴役那些本不属于自己的百姓。

【原文】

明王之所贵，惟爵其实，爵其实而荣显之。不荣则民不

急。列位^①不显，则民不事爵。爵易得也，则民不贵上爵^②。列爵^③禄赏不道其门，则民不以死争位矣。人生而有好恶，故民可治也。人君不可以不审好恶。好恶者，赏罚之本也。夫人情好爵禄而恶刑罚，人君设二者以御^④民之志，而立所欲焉。夫民力尽而爵随之，功立而赏随之。人君能使其民信于此如明日月，则兵无敌矣。

【注释】

①列位：这里指有爵位。②上爵：上等爵位。③列爵：这里指君王分颁爵位，以待有功之臣获赏。④御：控制。

【译文】

英明的君王所重视的，按照功劳的实际大小，赐予有功之人爵位并让他们感到无比的荣耀。赏赐如果不会让百姓有荣耀感，百姓就不会在意赏赐也不会刻意追求赏赐。如果赏赐的爵位在百姓心中显示不出尊贵感，他们就不会去追求爵位。如果爵位能够轻易获得，那么百姓就不会认为上等的爵位有多么的珍贵。赐予爵位、给予俸禄如果不严格执行公开设立的条件，百姓就不会拼死换取爵位。人天生就具备喜好与厌恶的特点，只要能正确利用它就能治理好百姓。君王必须清楚了解百姓的喜好与厌恶。百姓的喜好与厌恶是君王进行奖赏与刑罚的根本。通常情况下人们喜欢爵禄而讨厌刑罚，君王设立喜欢爵禄和讨厌刑罚这两种制度来驾驭百姓的思想，便可以达到自己想要的目的。百姓竭尽全力，爵位也会随之而来，立下了功劳，奖赏也会随之而来。如果君王能让百姓相信这一点就像相信天上的太阳和月亮一样，那么军队就会强大到天下无敌。

【原文】

人君有爵行而兵弱者，有禄行而国贫者，有法立而乱者。此三者，国之患也。故人君者先便辟①请谒，而后功力，则爵行而兵弱矣。民不死犯难②，而利禄可致也，则禄行而国贫矣。法无度数③，而事日烦，则法立而治乱矣。是以明君之使其民也，使必尽力以规④其功，功立而富贵随之，无私德也，故教流成。如此，则臣忠君明，治著而兵强矣。

【注释】

①便（pián）辟：这里指善于阿谀奉承而得到君王宠信的人。便，能说会道，巧言善辩。②犯难（nàn）：冒险，此处特指作战。难，灾祸，患难。③度数：尺度。④规：谋求。

【译文】

君王有爵位授予，军队的实力依然弱小；有俸禄作为奖赏，国家却依然贫穷；有明确的法令法规，社会秩序依然很混乱。这三种情况，是国家的祸患。如果君王首先考虑那些整天阿谀奉承私下请托的人，然后再考虑为国家效力的有功之人，这样的话即便赏赐爵位，军队的实力依然会很弱小。如果百姓不为国家拼死效力就能轻易得到俸禄，这样的话俸禄发放了而国家贫穷了。设置国家的法令法规而不考虑一定的尺度，国家的各项事务就变得日渐繁杂了，这样的话法令法规确立了而社会照样混乱不堪。所以英明的君王统治百姓，一定会让百姓想尽办法去寻求立功的机会，当有了功绩，富贵就随之而来，国家没有私下进行奖赏的途径，所以国家的政令就能够很好地贯彻下去。像这样的话，臣子忠诚、君王

英明，政绩卓越而军队强大。

【原文】

　　故凡明君之治也，任其力不任其德。是以不忧不劳而功可立也。度数已立，而法可修。故人君者不可不慎己也。夫离朱①见秋豪百步之外，而不能以明目易②人；乌获③举千钧之重，而不能以多力易力。夫圣人之存体性，不可以易人，然而功可得者，法之谓也。

【注释】

　　①离朱：即离娄，传说为黄帝时期的人，视力特别好。②易：交换。③乌获：战国时秦国的大力士，与任鄙、孟贲齐名。

【译文】

　　所以英明的君王治理国家时，根据百姓为国家贡献的多少进行任用，而不是根据私人的交情进行任用。因此英明的君王不用操劳便将功绩建立起来。礼法的尺度确立后，法令法规才可以顺利执行。因此君王必须慎重地对待自己的行为。离朱可以看到百步之外鸟兽身上的毫毛，却没有能力把自己的好视力传给别人；大力士乌获能举起上千斤的重量，却没有能力把自己的力气传给别人。圣人自身所具有的特殊秉性，同样不能传给别人，但是每个人都能够建功立业，这是因为法治啊。

战法第十

　　战法，就是作战的方法。本篇讲述了商鞅的军事思想，主要体现在政胜和慎战两个方面。

　　所谓"政胜"就是把本国的政治优势作为战争的后盾，假如在政治上无法战胜对手，就不要与对方作战。要想在政治上战胜对手，就要通过种种改革和建立法治，使全国上下一条心，这样的话将士才能作战勇猛，才能战胜对手。所谓"慎战"就是战前要精心筹备、精密谋划；对待溃败的敌人不要穷追不舍；战前要充分预估敌我双方的实力，做到知己知彼；打胜仗时不要骄傲，失败了不要唉声叹气，及时总结战斗经验，认真分析自己的优势和存在的不足；战前充分讨论作战方案，不打无把握的仗；作战时不得轻敌；等等。

　　本篇虽然内容比较零散，系统性和理论性远不如专门的兵书，但其中不乏真知灼见。在商鞅的军事思想里，战斗中能取得胜利，主要靠的是政治清明和战略谋划，至于将领的临场指挥能力，没有想象中的那么重要。因而，商鞅在文中写下"若兵敌强弱，将贤则胜，将不如则败。若其政出庙算者，将贤亦胜，将不如亦胜。政久持胜术者，必强至王。若民服而听上，

107

则国富而兵胜，行是，必久王"的语句。

【原文】

凡战法必本于政胜^①，则其民不争，不争则无以私意，以上为意。故王者之政，使民怯于邑斗^②，而勇于寇战。民习以力攻，难^③，难故轻死。

【注释】

①胜：占据优势。②邑斗：与本地的人私斗。邑，古代诸侯分给大夫的封地，这里指本地。③难：指以实力进攻，是困难的进攻方式。

【译文】

通常而言，军事策略必须以政治上的胜利作为基础，这样的话百姓之间就不会发生内部争斗，就不会按照个人意志去行事，而是按照君王的意志去行事。因此，称王于天下的君王，其施政目的，就是使百姓惧怕而不敢参与乡里私斗，而勇于同敌人拼死作战。百姓习惯了依靠实力进攻，这是最为困难的进攻方式，做到了难于做到的，他们在战场就不怕死。

【原文】

见敌如溃^①，溃而不止，则免^②。故兵法："大战胜，逐北无过十里。小战胜，逐北^③无过五里。"

【注释】

①溃：溃败，溃堤。②免：不再追赶。③北：失败。

【译文】

看到敌人像溃堤的洪水一样，溃逃不止，那么就不要再追赶了。兵法上说："取得大的胜利时，追赶仓皇而逃的败军不要超过十里；取得小的胜利时，追赶仓皇而逃的败军不要超过五里。"

【原文】

兵起而程①敌。政不若者，勿与战；食不若者，勿与久；敌众勿为客②；敌尽不如，击之勿疑。故曰：兵大律③在谨，论敌察众，则胜负可先知也。

【注释】

①程：衡量。②客：指战争中主动进攻的一方。③律：重要法则。

【译文】

展开军事行动之前必须要衡量敌人的实力。政治上不比敌国强时，不要和对方作战；粮食没有敌国的多时，不要和对方打相持战；敌人的兵力比我们多时，我们就不要发起进攻；当敌国的一切力量都不如我们时，我们就可以毫不犹豫地去攻打它了。所以说：用兵的首要法则在于谨慎，研究敌情、对比双方兵力的多少，这样的话胜负是可以提前判断出来的。

【原文】

王者之兵，胜而不骄①，败而不怨②。胜而不骄者，术明也；败而不怨者，知所失也。

【注释】

①骄：骄傲。②怨：埋怨，抱怨。

【译文】

称王于天下的军队，打了胜仗从来不骄傲，吃了败仗从来不埋怨。打了胜仗却不骄傲，是因为作战的方法高明；吃了败仗不埋怨，是因为知道自己败在哪里。

【原文】

若兵敌①强弱，将贤则胜，将不如则败。若其政出庙算②者，将贤亦胜，将不如亦胜。政久持胜术者，必强至王。若民服而听上，则国富而兵胜，行是，必久王。

【注释】

①敌：匹敌，实力相当。②庙算：庙，宗庙；算，计算。古代在重大军事行动之前，国君会在宗庙召集群臣议事，筹划战争的战略、战术、后勤、外交等事宜，故称"庙算"。

【译文】

战场上如果出现敌强我弱的局面，有军事指挥能力的将领能够以弱胜强取得胜利，缺乏军事指挥能力的将领必然要打败仗。如果战略决策来自朝廷的精心筹划，有军事指挥能力的将领能打胜仗，缺乏军事指挥能力的将领也能打胜仗。政治上能够长期掌控获胜之术的国家，一定会强大直至称王于天下。如果百姓服从并听从君王的治国方针，这样的话国家必然会走向富强，而军队也必然战无不胜，把这项原则长期执行下去，就一定能够称王于天下。

【原文】

其①过失，无敌②深入，偝③险绝塞，民倦且饥渴，而复遇疾，此其道也。故将使民者乘良马者，不可不齐④也。

【注释】

①其：这里指用兵。②无敌：轻敌。无，借为"侮"，轻侮、轻视的意思。③偝：通"背"，背靠之意。④齐：古"剂"字，调剂，调节。

【译文】

用兵的错误之处在于，轻视敌人贸然深入，背靠险要地形地势而穿越关隘，士兵既疲惫急又饥渴，再加上遇到流行性疾病，这就是败军之道。所以将领带领和指挥军队，就像骑乘良马一样，必须要懂得调节马的体力，对马的体力做合理的安排。

立本第十一

【题解】

立本，就是强军的根本。商鞅认为一个国家要想建立一支强大的军队，人数众多、装备精良都不是主要的，需要三个关键的步骤：一是用兵之前先实现法治，二是用法治的手段推动百姓积极从事农耕和作战，三是第二步形成风气后全国上下的力量都可以为战争所用。

很显然，这三个步骤中，推行法治是根基，军民就会有战斗意志，国家就可以积极备战，战争就能无往而不利。文章中还指出，推行法治的关键在于国家对法治的重视程度和贯彻程度。本文再次强调，对百姓的赏赐必须来自于农战这唯一途径。

【原文】

凡用兵，胜有三等①：若兵未起则错法，错法而俗②成，俗成而用具③。此三者必行于境内，而后兵可出也。行三者，有二势④：一曰辅法而法行，二曰举必得而法立。故恃其众者，谓之葺⑤；恃其备⑥饰者，谓之巧⑦；恃誉目⑧者，谓之诈⑨。此三者恃一，因其兵可禽⑩也。故曰：强⑪者必刚斗其意，斗则力尽，力尽则备⑫，是故无敌于海内。治行则货积，货积则赏能重矣。赏壹则爵尊，爵尊则赏能利矣。故曰：兵生于治而异，俗生于法而万转，过⑬势本于心而饰于备势。三者有论⑭。故强可立也。是以强者必治，治者必强；富者必治，治者必富；强者必富，富者必强。故曰：治强之道三，论⑮其本也。

【注释】

①等：台阶，这里引申为步骤。②俗：风气，即民众喜好农战的风气。③用具：用，装备；具：完成。意指民众喜好农战，国家便能完善装备。④势：形势，情势。⑤葺：用茅草覆盖屋顶。意指一旦缺少法治精神，则人数虽多却是乌合之众，就像茅盖屋一样多而不固。⑥备：武器装备。⑦巧：美丽。这里指徒有其表。⑧誉目：美好名声。⑨诈：欺诈。这里指徒有其名。⑩禽："擒"的古字。⑪强：强健。⑫备：无往不利。⑬过：此处疑当作"运"。⑭论：通"伦"，条理，秩序。⑮论：考察，弄清楚。

【译文】

凡是用兵作战，要想取得胜利可以分三个步骤去实现：第一步是军队未出征前要在军队中严格推行法治，第二步是推行法治后并使之在军队中形成风气，第三步是风气形成以后就可以积极备战。这三个步骤必须在国内都实现以后，军队才可以出征。要想实现这三个步骤，需要两个先决条件：一是君王协助推行法治而最终使法治在军队中得以实现，二是君王颁布

的措施必须得当而法治才能在军队中得到确立。因此，仰仗着自己人数众多的，叫作徒有其众；仰仗着武器装备精良而美观的，叫作徒有其表；仰仗着声名在外的，叫作徒有其名。这三个方面中，君王只要涉及其中的一条，他的军队在交战中一定会被对方打败。所以说强大的国家一定使其军队具备顽强的斗志，拥有顽强的斗志在战场上就能拼尽全力去打仗，拼尽全力去打仗的军队就能战无不胜，这样的军队就能天下无敌。国家的法令法规得到有效的执行，财富就能积累起来；财富积累起来，那么国家的奖赏就非常丰富。奖赏只颁发给在战场立功的人，君王所赐予的爵位就显得异常的尊贵，奖赏就会产生有利于国家发展和军队建设的效果。所以说，军队源于政治，又因政治的差异而表现得有所不同；风气源于法治，又因法治的变法而发生着变化；运用权势在于周密考虑，才会显示出无往而不胜的局面。只要把这三个方面都搞得清楚明白了，国家走向强大就有保证了。因此，一个强大的国家必然社会安定，社会安定的国家必然强大；富裕的国家必然社会安定，社会安定的国家必然富裕；强大的国家必然富裕，富裕的国家必然强大。所以说：要想把国家治理得安定而强大有三个方面，一定要清楚它的本质。

兵守第十二

兵守，就是军队的防守，本篇主要阐述商鞅在军事上的防御方法。

关于防守，早在《孙子兵法》中就出现有防御战的名句，比如《孙子兵法·军形篇》记："不可胜者，守也；可胜者，攻也。守则不足，攻则有余。善守者，藏于九地之下，善攻者，动于九天之上，故能自保而全胜也。"又如《孙子兵法·军形篇》记："攻而必取者，攻其所不守也。守而必固者，守其所不攻也。故善攻者，敌不知其所守；善守者，敌不知其所攻。"我们不难从中看出，孙子所论述的防守，主要是以智取胜，而商鞅在文中所论述的防守，则倾向于以力取胜。孙子的防守以隐藏自己的实力和作战意图为主，使敌人不知道该如何进攻；商鞅的防守之道则是积蓄力量与敌人打持久战，使敌人空有一身武力却没办法发挥出来，最终不得不放弃进攻。

文章中商鞅首先指出，四面同他国相邻以及背靠大海的国家，在战略战术上有根本的区别。四面都有他国的国家，等同于四个面都受敌，因此要把防守放在首位。这种国家的防守基本原则是，调动全国百姓的积极性，激发百姓的拼死念头，才

能在四面受敌中杀出一片求生的空间；积极备战，增强兵力，国内男女老少都上阵，分为三军，各干各的事；由壮年男子组成的军队主要负责作战，由壮年女子组成的军队主要负责破坏道路与房屋，由老弱组成的军队主要负责后勤供给；将帅要随时鼓舞士气、稳定军心，杜绝三军相互交流，杜绝男女之间产生私情以及悲观情绪在军队内产生。

【原文】

四战之国①贵守战，负海之国贵攻战。四战之国，好举兴兵以距②四邻者，国危。四邻之国一兴事③，而己四兴军，故曰国危。四战之国，不能以万室之邑舍钜④万之军者，其国危。故曰：四战之国务在守战。

【注释】

①四战之国：四面与别的国家接壤。②距：困。③事：战事。④舍：住宿。钜：通"巨"，巨大，用以形容数目之多。

【译文】

四面与别的国家接壤的国家应该把防御战作为国防建设的重心，背靠大海的国家应该把主动进攻作为国防建设的重心。四面都与他国接壤的国家如果发兵攻打周围的邻居，那么国家将要出现危险。因为四面的国家每个国家发动一次战争，自己就需要应付四次战争，所以说国家就会出现危险。四面与别的国家接壤的国家，如果上万户居民的城邑没有数以万计的军队驻守，那么这个国家就要出现危险。所以说，四面与别的国家接壤的国家要致力于防御战。

【原文】

守有城之邑①，不如以死人之力与客生力②战。其城拔③者，死人之力也，客不尽夷城，客无从入，此谓以死人之力与客生力战。城尽夷，客若有从入，则客必罢④，中人必佚⑤矣。以佚力与罢力战，此谓以生人力与客死力⑥战。皆曰："围城之患，患无不尽死。"而亡⑦此二者，非患⑧不足，将之过也。

【注释】

①邑：这里指城镇。②死人之力：守卫者抱着必死的决心所爆发出来的力量。客生力：入侵者未经消耗的有生力量。③拔：攻破，攻下。④罢（pí）：通"疲"，疲劳。⑤佚：通"逸"，安逸。当城墙上的守军在与入侵者拼死作战时，城内守军并未参加战斗，故而必定安逸。⑥生人力：城中军民未经消耗的有生力量。客死力：入侵者因持续疲劳作战，已经处于垂死之际的力量。⑦亡：通"无"。⑧患：弊端。

【译文】

带有城墙的城池进行防守时，如果不激发出百姓拼死一战的勇气与入侵者的有生力量进行作战，那么城池一定会被入侵者攻破。如果守城士兵拼死抵抗，入侵者就无法攻破城墙，他们就无法进入城内，这就叫作用拼死抵抗的力量与入侵者的有生力量进行作战。如果城墙完全被攻破，入侵者进入城内，此时他们一定非常疲惫，而城内的军队则以逸待劳。用以逸待劳的军队同疲惫的入侵者进行作战，这就叫作用精力充沛的力量与入侵者疲惫的力量进行作战。所以人们都说："围攻城邑的

忧患，是担心城内的守军都拼死守卫自己的城邑。"对于这两种情况，就不能归咎于实力不够的问题，而是将领的过错。

【原文】

守城之道，盛①力也。故有客，治簿檄②，三军之多，分以客之候车③之数。三军：壮男为一军，壮女为一军，男女之老弱者为一军，此之谓三军也。壮男之军，使盛食、厉兵④，陈而待敌。壮女之军，使盛食、负垒⑤，陈而待令。客至而作土以为险阻及耕格阱⑥；发⑦梁撤屋，给⑧从从之，不治而燠⑨之，使客无得以助攻备。老弱之军，使牧牛马羊彘，草木之可食者，收而食之，以获其壮男女之食。而慎使三军无相过⑩。壮男过壮女之军，则男贵女，而奸民有纵⑪谋，而国亡；喜与，其恐有蚤闻⑫，勇民不战。壮男壮女过老弱之军，则老使壮悲，弱使强怜；悲怜在心，则使勇民更虑，而怯民不战。故曰：慎使三军无相过，此盛力之道。

【注释】

①盛：使动用法，即"使……强盛""使……壮大"。②簿檄：簿，户口簿册；檄，征战檄文。③候车：这里指侦察敌情的战车。④盛（chéng）食：将粮食放入容器。厉兵：磨利兵器。⑤垒：笼子之类的装物器具。⑥耕格阱：挖设陷阱。耕，挖土；格阱，凹入地面的陷阱。⑦发（fèi）：通"废"，拆毁。⑧给：来得及。⑨燠（hàn）：燃烧。⑩过：访问，这里指来往。⑪纵：乱。⑫蚤闻：指男女通过相互交流，过早听到战争的消息而导致军心不稳。

【译文】

守卫城池的原则，在于壮大自己的力量。所以一旦入侵者到来，就要提前整理好城内登记在册的人口数量，把三军的士兵按照入侵者侦察战车的数量进行编制。三军是指：壮年男子专门组成一支军队，壮年女子专门组成一支军队，年老体弱的人专门组成一支军队。壮年男子专门组成的军队主要任务是防御入侵者，让他们吃饱饭、磨利兵器，摆好阵势等待入侵者的攻击。壮年女子专门组成的军队，让她们吃饱饭，背着装土用的笼子，排列好阵势等待上级的命令。入侵者到了，命令她们在道路上用土堆起难以通行的障碍并挖设好陷阱，另外她们还负责毁坏桥梁、拆除房屋的任务，如果时间来得及，就把拆下来的东西运走；如果时间来不及，则就地把这些东西烧毁，不给入侵者留下任何可以用来攻城的工具。年老体弱的人专门组成的军队，让他们去管理牛、马、羊、猪，将植物结出的可以食用的果实，收集起来饲养牲畜，牲畜可以给壮男壮女组成的军队提供食物。特别需要注意的是，不允许三支军队相互交流。如果壮年男子去壮年女子的军队中，男子就会对女子产生爱慕之情，同时也给了坏人图谋不轨的机会，那么城池就会被入侵者攻破；壮年男女相处在一起，容易削弱战斗意志，如果通过相互交往过早地听到了战争的消息，就会导致军心涣散，即便勇敢的士兵也不愿意与入侵者作战了。壮年男子、壮年女子到年老体弱的人专门组成的军队中，上年纪的老人会让壮年人感到悲伤，体弱多病的人会让壮年人产生怜悯；当内心中有了悲伤和怜悯，就会让勇敢的士兵改变了心志，而胆小怕事的人就更不敢拿起武器与入侵者作战了。所以说：杜绝三支军队相互来往，这就是增强防守力量的方法。

靳令第十三

【题解】

　　勒令，就是严格执行法令。商鞅所贯彻的法，始终围绕农耕与作战为出发点进行奖励和刑罚，本篇着重强调严格执行这项法令。

　　既然把农耕和作战列为国家走向强盛的重要途径，国家就不要任用那些巧舌善辩的人，因为这些人是法令所摒弃的；既然把农耕和作战列为国家走向强盛的重要途径，就要革除对国家不利的各种思想和行为，即儒家的礼乐孝悌等理念，因为它们是法令明确禁止的。只有坚定不移地贯彻已经制定好的法令法规，官吏才能自觉地去秉公执法，百姓在法令法规的保护下才会心甘情愿地为国家效力。因此，加大加重刑罚的力度，减少奖赏的次数，国家才会一步步走向强大，而赏罚分明，君王才会得到百姓的拥护。

【原文】

　　靳令①，则治不留；法平，则吏无奸。法已定矣，不以善言害法。任功，则民少言；任善，则民多言。行治曲②断，以

120

五里断者王，以十里断者强，宿治者削。以刑治，以赏战，求过③不求善。故法立而不革，则显。民变④诛，计⑤变诛止。贵齐⑥殊使，百都之尊爵厚禄以自伐⑦。国无奸民，则都无奸市。物多末⑧众，农弛⑨奸胜，则国必削。民有余粮，使民以粟出⑩官爵，官爵必以其力，则农不怠。四寸之管无当⑪，必不满也。授官、予爵、出禄不以功，是无当也。

【注释】

①靳（jìn）令：严格执行法令。②曲：乡里。③过：过失，过错。④变：通"辨"，辨别，辨明。⑤计：计算，盘算。⑥贵齐：贵族和平民。⑦伐：功劳。⑧末：末业，这里指工商业。⑨弛：松懈。⑩出：进。这里指卖米以换取官爵。⑪当：底。

【译文】

严格执行君王颁布的法令法规，这样的话政务就不会被耽误；公正执法，这样的话官吏就不敢做奸邪的事情。既然法令法规已经做出明确规定，就不应该任用那些满口所谓仁义道德的空谈者来妨碍法令法规的执行力度。任用在农耕和作战中表现突出的有功之人，这样的话百姓就会少说空话；任用那些满口所谓仁义道德的善良人，那么百姓就喜欢空谈。处理政事要在乡里进行决断，在五里内就可以对政事进行决断的国家一定能称王于天下，在十里内就可以对政事进行决断的国家一定会走向强大，过了一夜才把政事处理好的国家必然会衰弱。使用刑罚来治理国家，使用奖励来激励百姓去作战，任用所谓"奸邪之人"为官而不任用所谓"善良之人"为官。如果法令确定

后而不再轻易更改，那么就显示出法令的威严性和神圣性。百姓对惩罚的条例弄得清楚明白以后，他们就不敢触犯法令，惩罚自然也就停止了。尽管贵族和平民所从事的事情有所不同，但各个地方都有一些人拥有尊贵的爵位、优厚的俸禄，他们都是在农战中所获得的。国家没有不守法的百姓，城市中也就不会存在违法的交易市场。如果豪华奢侈的生活用品多了，从事商业的人也就随之增多；农业生产就会出现松懈的现象，邪恶的事情也会随之发生，这样的话国家就会衰弱下去。百姓家里有了多余的粮食，政府则鼓励他们拿多余的粮食换取官爵，要想得到官爵必然靠自己的力量，这样的话百姓就不会懒惰了。四寸长的竹管子如果没有底，必然装不满。授予官职、给予爵位、得到俸禄如果不靠功绩，这样的话国家的奖赏就没有底了。

【原文】

国贫而务战，毒生于敌，无六虱，必强。国富而不战，偷生于内，有六虱，必弱。国以功授官予爵，此谓以盛①知谋，以盛勇战。以盛知谋，以盛勇战，其国必无敌。国以功授官予爵，则治省言寡，此谓以治去治、以言去言。国以六虱授官予爵，则治烦言生，此谓以治致治、以言致言。则君务②于说言，官乱于治邪，邪臣有得志，有功者日退，此谓失。守十者③乱，守壹者治。法已定矣，而好用六虱者亡。民毕农，则国富。六虱不用，则兵民毕竞④劝而乐为主用，其竟内之民争以为荣，莫以为辱。其次，为赏劝罚沮⑤。其下，民恶之，忧之，羞之；修容而以言，耻食以上交，以避农战；外交以备，国之危也。有饥寒死亡，不为利禄之故战，此亡国之俗也。

【注释】

①盛：多。②务：通"瞀"，眩惑。③十者：这里指《去强》篇中所说"国有十者"，即儒家的仁义思想。④竞：争相。⑤沮：阻止。

【译文】

国家尽管贫困却致力于作战，这就等于把对国家有害的事转嫁给敌国，这样的国家就不会有六种虱害出现，必然能够强大起来。国家尽管富裕却不致力于作战，国内苟且偷生的事就会经常发生，这样的国家就会有六种虱害出现，必然会衰弱下去。国家根据战功对个人授予官爵，这就叫作用众人的智慧进行谋划，用众人的勇力进行作战。用众人的智慧进行谋划，用众人的勇力进行作战，这样的国家一定能天下无敌。国家根据个人立下的战功授予相应的爵位，那么政务就会简明，空谈就会减少，这就叫作用政务去除政务，用空谈去除空谈。国家对六种虱害授予官职给予爵位，那么政务就会变得繁杂而混乱，不切实际的空谈也会随之产生，这就叫作用政务招致政务，用空谈招致空谈。那么君王就会被不切实际的空谈所迷惑，官吏被邪恶风气所扰乱，奸佞的臣子得到重用的机会，有功之臣则一天一天被排挤出去，这就是君王治理国家中所犯的错误。君王使用儒家的仁义思想治理天下，天下就会出现混乱；坚定不移地让百姓从事农业生产和作战，那么国家就一定能治理好。法令法规已经确立，而君王喜好任用六种虱害国家一定会灭亡。百姓都专心致力于农业生产，国家一定会富裕。君王不

任用六种虱害，那么士兵、百姓都会争相鼓舞并且心甘情愿被君王所使用，国内的百姓都争抢着以从事农耕和作战为荣，没有人认为这是可耻的事情。稍微差一点的情况是，百姓因为奖励而受到鼓舞，刑罚因没有犯罪而不被派上用场。再差一点的情况是，百姓把从事农战看作讨厌的事情，他们为从事农战而担忧，把从事农战当作耻辱；他们注重修饰自己的外表而四处游说，以被君王任用拿着君王的俸禄而感到耻辱，他们用这种方法躲避农耕和作战；与国外的势力交往，为自己事先准备好退路，如果出现这种情况的话，那么国家就危险了。有人宁愿冻死饿死，也不肯为了爵位、俸禄而去作战，这就是亡国的风气呀。

【原文】

六虱：曰礼、乐，曰诗书，曰修①善，曰孝弟，曰诚信，曰贞廉②，曰仁、义，曰非兵③、曰羞战④。国有十二者，上无使农战，必贫至削。十二者成群，此谓君之治不胜其臣，官之治不胜其民，此谓六虱胜其政也。十二者成朴⑤，必削。是故兴国不用十二者，故其国多力，而天下莫能犯也。兵出，必取；取，必能有之。按兵而不攻，必富。朝廷之吏，少者不埤⑥也，多者不损也。效功而取官爵，虽有辩言，不能以相先也，此谓以数⑦治。以力攻者，出一取十；以言攻者，出十亡百。国好力，此谓以难攻；国好言，此谓以易攻。

【注释】

①修：美好，贤良。②贞廉：正直廉洁。③非兵：反对武

124

力。④羞战：以战争为耻。⑤朴：根。⑥埤：增加。⑦数：道理。这里指治理国家的方法。

【译文】

六种虱害：是礼、是乐、是诗、是书、是修善、是孝悌、是诚信、是正直廉洁、是仁、是义、是反对武力、是以战争为耻。国家只要出现这十二种东西，君王就没办法让百姓从事农耕和作战，国家必然会因贫穷而被削弱。假如有这十二种思想的人形成一个庞大的群体，就会出现臣子不听从君王统治的现象，百姓不听从官吏管理的现象，这就叫六种虱害压制住国家的法令政策。这十二种思想如果扎下根，国家必然会被削弱。因此，兴盛的国家拒绝使用这十二种思想治理国家，所以国家的实力就非常雄厚，天下任何一个诸侯国都不敢入侵它。这样的国家，军队对外作战，必定能夺取土地；夺取了土地，必定能够占有它。如果这样的国家按兵不动，致力于发展国内生产，就必定能富足。朝廷使用官吏，有的部门人数该少的绝不会增多，人数该多的绝不减少。个人立下功劳就会得到官职和爵位，尽管有些人能言善辩口才非常好，也不会比别人高人一等，这就叫作用法度来治理国家。凭借自身实力去攻打别的国家，付出一分的力气就能收获十倍的利益；凭借不切实际的空谈去攻打别的国家，付出十分的力气则会换来百倍的代价。国家崇尚实力，这就叫作用别人难以得到的东西去攻打别的国家；国家崇尚不切实际的空谈，这就叫作用容易得到的东西去攻打别的国家。

【原文】

重刑少赏，上爱民，民死赏。多赏轻刑，上不爱民，民不死赏。利出一空^①者，其国无敌；利出二空者，国半利；利出十空者，其国不守。重刑，明大制；不明者，六虱也。六虱成群，则民不用。是故，兴国罚行则民亲，赏行则民利。行罚，重其轻者，轻其重者—轻者不至，重者不来，此谓以刑去刑，刑去事成。罪重刑轻，刑至事生，此谓以刑致刑，其国必削。

【注释】

①空：同"孔"，这里指途径。

【译文】

加重刑罚减少奖赏，这是君王爱护百姓的基本之道，百姓就会为了得到奖赏拼死为君王效力。奖赏重而刑罚轻，这是君王不爱护百姓的直接表现，百姓就不会为了得到奖赏拼死为君王效力。获得爵位和利禄的途径只有一条，国家就会强大到天下无敌；获得爵位和利禄的途径有两条，国家只能得到一半的好处；获得爵位和利禄的途径有很多条，国家就自身难保了。加重刑罚，可以彰显法令的重要性；国家的法令失去它本应有的威严性，这是因为国家内部出现六种虱害。如果六种虱害的人成群结队，那么百姓就不再老老实实地接受君王的役使。因此，兴盛的国家对百姓使用刑罚，百姓反而拥戴君王；君王按照法令对百姓进行奖励，百姓就心甘情愿被君王所利用。实行刑罚，对于轻罪的犯人实施重刑，这样的话就可以震慑犯罪，打算犯轻罪的人也就放弃犯罪了，有犯重罪念头的人也就不敢犯罪了，这就叫作用刑罚杜绝犯罪，最后不需要使用刑罚就可以成就大业。对于犯重罪的人给予很轻的刑罚，尽管经常动用刑罚而犯罪却层出不穷，这就叫作用刑罚招致犯罪，这样的国家必然会走向衰弱。

【原文】

圣君知物之要，故其治民有至要，故执赏罚以辅壹教①。仁者，心之续②也。圣君之治人也，必得其心，故能用力。力生强，强生威，威生德，德生于力。圣君独有之，故能述③仁义于天下。

【注释】

①壹教：长期执行的一贯方针，这里指农战政策。②续：连接。③述：古通"遂"，成功推行。

【译文】

圣明的君王懂得掌控事物的关键，治理百姓时能掌控住百姓最关心的东西，因此用奖赏和刑罚引导百姓把精力全部投入到农耕和作战中。仁，把不同阶层的人的心连接到一起。圣明的君王统治百姓时，一定会得到百姓的拥戴，所以就能调动他们的力量从事农耕和作战。力量可以让国家强大，强大可以让国家产生威力，威力可以让国家产生恩德，恩德产生于力量。只有圣明的君王才真正明白这样的道理，所以才能在天下推行仁义。

修权第十四

修权，就是整治权力，如何加强国君的权力。商鞅指出，要想把国家治理好，使国家成为诸侯中的强国，需要三个基本因素，分别是：法度、信用和权力。

权力是一种无形的强制力量，能够左右人的行为。商鞅认为权力不能分散，需要君王独自一人掌控，采用君主专制的方式，才会显示出君王的威严性；法度是国家颁布的种种法令法规，国家处理各种事务的准则，只有建立严明的法令法规才能做到赏罚分明，才能调动百姓的积极性和向心力；信用是连接在君王与臣子、百姓之间的纽带，国家制定好各种奖赏和惩罚后，就要讲信用，该奖赏的必须奖赏，该惩罚的必须惩罚，只有这样百姓才会遵守规矩，才会因信用为君王效命。

很显然，本篇中商鞅以修权为核心，同时还提出"公私分明""任法去私"的主张，指出"释法而任私议"，必然使君王在百姓面前失去信用，造成小人得势、奸臣当道、以权谋私的严重后果。

【原文】

国之所以治者三：一曰法，二曰信，三曰权。法者，君臣之所共操也；信者，君臣之所共立也；权者，君之所独制也。人主失守则危。君臣释法任私，必乱。故立法明分①，而不以私害法，则治。权制独断于君则威。民信其赏，则事功成；信其刑，则奸无端②。惟明主爱权重信，而不以私害法。故上多惠言而不克③其赏，则下不用；数加严令而不致其刑④，则民傲死⑤。凡赏者，文也；刑者，武也。文武者，法之约⑥也。故明主任法。明主不蔽之谓明，不欺之谓察。故赏厚而信，刑重而威必。不失疏远，不违⑦亲近，故臣不蔽主，而下不欺上。

【注释】

①分：职分，名分。②端：开始，开头。③克：能。④致其刑：这里指使用刑罚。⑤傲死：倨傲而轻视死亡。⑥约（yāo）：纲领。⑦违：避。

【译文】

国家能够治理好需要三个因素：一是法度，二是信用，三是权力。法度，由君王和臣子共同制定和掌管；信用，是君王和臣子共同建立的；权力，只能由君王独自掌控。如果君王不能完全掌握权力，国家就会面临危险。君王和臣子无视国家的法度只顾为自己谋求私利，国家一定会出现混乱。所以维护法度的权威明确公私的界限，并且不能因个人私利而损害法度的威严，这样的话国家就能治理好。权力掌握在君王一个人手里，统治百姓时就能在百姓心中树立威信。百姓对君王的赏赐

深信不疑，那么功业必定能够建成；百姓对君王的惩罚深信不疑，那么犯罪就不会发生。只有贤明的君王才珍惜手中的权力和在百姓心中树立起来的信用，也不会因个人的私利而去践踏法度的威严。所以当君王多次许诺赏赐而不去兑现，这样的话臣子就不愿意为他效力；多次颁布严苛的法令法规而不去执行，这样的话百姓就会轻视死刑。国家制定的所有赏赐，都是文治；国家制定的所有惩罚，都是武治。赏赐与刑罚，是法度的纲领。因此贤明的君王都看重法治。贤明的君王不被蒙蔽叫作"贤明"，不被欺骗叫作"明察"。所以通过重赏的手段树立起了信用，而通过重罚的手段建立起了威严。奖赏不遗漏关系疏远的人，刑罚不回避关系亲近的人，这样的话就不会出现臣子蒙蔽君王的情况，就不会出现百姓欺骗君王的情况。

【原文】

世之为治者，多释法而任私议，此国之所以乱也。先王县权衡①，立尺寸，而至今法之，其分明也。夫释权衡而断轻重，废尺寸而意②长短，虽察，商贾不用，为其不必也。故法者，国之权衡也。夫倍③法度而任私议，皆不知类④者也。不以法论知、罢⑤、贤、不肖者，惟尧，而世不尽为尧。是故先王知自议誉私之不可任也，故立法明分，中程⑥者赏之，毁公者诛之。赏诛之法，不失其议⑦，故民不争。故授官予爵不以其劳，则忠臣不进；行赏赋⑧禄不称其功，则战士不用。

【注释】

①县：古同"悬"字。权衡：称量物体重量的器具。权，秤砣。衡，秤杆。②意：估计，猜测。③倍：同"背"，违

背。④类：法式，事理。⑤罢：能力差。⑥程：法式，规章。⑦议：此处借作"仪"，标准，准则。⑧赋：给予。

【译文】

　　世上的统治者，大多数把法度弃之一边而按照个人意愿来统治国家，这是国家产生混乱的根本原因。先王制定称量物体重量的秤砣和秤杆，确立了尺和寸的丈量标准，它们之所以能沿用至今，是因为度量的标准非常明确。如果抛弃衡器去判断轻重，不用尺寸去判断长短，哪怕估计得十分准确，商人也不会采用这种方法进行买卖，因为这样的结果不能保证每一次都是准确的。所以说法度，就是治国的权衡。违背法度而采用个人主张，都可以称之为不懂事理。不使用法度就能判断出人是聪明还是愚笨，是贤明还是无能，只有尧才有这样的能力，但世上并不是人人都能成为尧。所以先王知道那些抬高自己、吹捧他人的人不可以任用，必须按照法律、法规事先规定好的标准进行选拔，符合规定标准的就给予奖励，对国家造成危害的就给予惩罚。奖赏与惩罚的法度不失标准，百姓就不会为此产生争议。如果不按照功劳就授予官爵，那么忠臣就不会尽心尽力地为君王办事；如果不按照军功就给予爵禄，那么战士就不会在战场拼死效力。

【原文】

　　凡人臣之事君也，多以主所好事君。君好法，则臣以法事君；君好言，则臣以言事君。君好法，则端直之士在前；君好言，则毁誉之臣在侧。公私之分明，则小人不疾①贤，而不肖者不妒功。故尧、舜之位天下②也，非私天下之利也，为天

下位天下也；论贤举能而传焉，非疏父子亲越人③也，明于治乱之道也。故三王以义亲，五霸以法正诸侯，皆非私天下之利也，为天下治天下。是故擅④其名而有其功，天下乐其政，而莫之能伤也。今乱世之君臣，区区然⑤皆擅一国之利而管一官之重，以便其私，此国之所以危也。故公私之交，存亡之本也。

【注释】

①疾：同"嫉"，妒忌。②位天下：居天下之高位，指统治天下。③越人：外人。④擅：占有，独占。⑤区区然：形容人悠然自得的样子。

【译文】

但凡臣子侍奉君王，大多数都投君王之所好。如果君王喜好法度，那么臣子就在君王面前谈论法度方面的内容；如果君王喜欢听美言，那么臣子就在国君面前讲赞美他的话。国君喜好法度，身边就会聚集一些正直之士；国君喜欢美言，身边就会围绕一群奸臣。君王只要做到公私分明，平庸的人就不会嫉贤妒能，无能的人也不会忌妒有功劳的人。所以尧、舜治理天下时，没有把天下据为己有，是为天下的民众而治理天下；尧、舜选贤任能而把位置传给继任者，这样做不是故意疏远自己的亲生儿子而去主动亲近毫无血缘关系的人，而是明白治理国家的道理。所以三王凭借仁义赢得天下，五霸依靠法度控制诸侯，他们都不是把天下当成自己的私利，而是为百姓治理天下。所以他们独得美名又建功立业，天下的百姓对他们的统治都非常满意，没有人能够动摇他们的统治。如今身在乱世的君臣，作为君王者只看重一国的利益；作为臣子者只在乎手中的权力，他们以此来满足自己的私欲，这是导致国家危机的根本原因所在。所以是否公私分明，是国家生死存亡的根本。

【原文】

夫废法度而好私议，则奸臣鬻①权以约禄，秩官②之吏隐下而渔民。谚曰："蠹③众而木析，隙大而墙坏。"故大臣争于私而不顾其民，则下离上。下离上者，国之"隙"也。秩官之吏隐下以渔百姓，此民之"蠹"也。故有"隙""蠹"而不亡者，天下鲜矣。是故明王任法去私，而国无"隙""蠹"矣。

【注释】

①鬻（yù）：卖。②秩官：常设的官。③蠹（dù）：蛀虫。

【译文】

废弃法度而喜好私议，那么奸臣就会卖官来满足自己对财利的占有，一般的官吏就会隐瞒下面的实情而鱼肉百姓。谚语说："蛀虫多了大树就会折断，缝隙大了墙壁就会坍塌。"所以当臣子争相谋取私利而不顾百姓的死活，那么百姓就会远离君王。百姓远离君王，这就说明国家内部已经产生了"裂隙"。国家的一般官吏隐瞒下面的实情而鱼肉百姓，他们就是蚕食百姓的"蛀虫"。一旦出现"蛀虫""裂隙"而不灭亡的国家，天下非常少见。所以贤明的君王推行法治摒弃私欲，国家就不会出现"裂隙""蛀虫"了。

徕民第十五

【题解】

　　徕民，就是从别的地方招来百姓。本篇讲述了土地资源要合理配置，山林湖泽的比例要适当，人口要适中。

　　秦穆公时秦国就开始向西扩张，继而称霸西戎，占领了大量的土地。地广人稀，土地没有充分利用起来，商鞅便推行了徕民政策，把外地的人吸引到秦国。

　　首先商鞅确定吸引哪些人，就是三晋之人，即韩赵魏三国的人。因为这三个国家人多地少，为了躲避交税，很多人都隐瞒不报，存在大量黑户，而且这些国家和秦国接壤，他们来秦国比较近，秦国也愿意接纳他们。商鞅这样做，既削弱了韩赵魏三国的兵力，又增加了秦国的粮食产量，而本国的百姓则可以全身心投入到对外作战中，这样就达到了富国强兵的目的。

　　其次开出优惠的条件，吸引各个诸侯国来归附的人。只要他们愿意来，立即免除三代的徭役赋税，还不用参加作战，并且国家还给他们盖房屋，十年内不向他们收取任何赋税。

　　文中商鞅还驳斥了秦国大臣不想减免徭役赋税的做法。可以说，商鞅的徕民政策，使秦国在短时间内吸引了大量的移民，这些移民后来为秦国的发展做出了巨大的贡献。

【原文】

地方百里者，山陵处什一，薮泽处什一，薮谷流水处什一，都邑蹊道处什一，恶田处什二，良田处什四，以此食作夫①五万。其山陵、薮泽、溪谷可以给其材，都邑蹊道足以处其民，先王制土分民之律也。

【注释】

①作夫：耕田种地的人，农民。

【译文】

方圆百里的地方，高山、丘陵占区域面积的十分之一，湖泊、沼泽占区域面积的十分之一，山谷、河流占区域面积的十分之一，城镇、道路占区域面积的十分之一，薄田占区域面积的十分之二，良田占区域面积的十分之四，只要是这个比例就能养活五万农民。其中的高山、丘陵、湖泊、沼泽、山谷、河流可以提供各种生活资料，城镇及道路两旁足够百姓居住，这就是先王制定的规划土地、人口分配的原则。

【原文】

今秦之地，方①千里者五，而谷土不能处二，田②数不满百万，其薮泽、溪谷、名山、大川之材物货宝又不尽为用，此人不称③土地。秦之所与邻者三晋④也；所欲用兵者，韩、魏也。彼土狭而民众，其宅参居而并处。其寡萌贾息⑤民，上无通名⑥，下无田宅，而恃奸务末作以处。人之复⑦阴阳泽水者

过半。此其土之不足以生其民也，似有过秦民之不足以实其土也。意民之情，其所欲者田宅也。而晋之无有⑧也信，秦之有余也必。如此而民不西者，秦士戚⑨而民苦也，臣窃以王吏之明为过见。此其所以弱不夺⑩三晋民者，爱爵而重复⑪也。其说曰："三晋之所以弱者，其民务乐而复爵轻也。秦之所以强者，其民务苦而复爵重也。今多爵而久复，是释秦之所以强，而为三晋之所以弱也。"此王吏重爵、爱复之说也，而臣窃以为不然。夫所以为苦民而强兵者，将以攻敌而成所欲也。兵法曰："敌弱而兵强。"此言不失吾所以攻，而敌失其所守也。今三晋不胜秦，四世矣。自魏襄⑫以来，野战不胜，守城必拔，小大之战，三晋之所亡于秦者，不可胜数也。若此而不服，秦能取其地，而不能夺其民也。

【注释】

①方：古代田地面积单位。②田：古代田地面积单位。③称：相当，符合。④三晋：指赵、魏、韩三个国家。春秋末年，赵、魏、韩三家分晋，故称三晋。⑤寡萌：即弱民，百姓。萌，通"氓"，黎民。贾息：经商获利。⑥通名：户籍。⑦复：地窖。⑧无有：匮乏。⑨戚：忧愁，悲伤。⑩夺：争取得到。⑪重：看重，舍不得。复：免除徭役赋税。⑫魏襄：魏襄王。战国时魏国的第四任国君。

【译文】

现在秦国方圆千里的土地拥有五个，可是利用起来用于种庄稼的土地还不足十分之二，开垦出来的田地数量不到一百万，国内的湖泊沼泽、山谷溪流、山川大河中出产的物质、财货远远没有被全部利用起来，这就是人口与土地不相称造成的情况。与秦国相邻的国家分别是三家分晋的韩国、赵国、魏国；我们秦国一直想派兵攻打的，是韩国和魏国两个国家。这两个国家的土地面积狭小但人口众多，百姓的房屋错杂、混乱地挤在一起。百姓从事商业买卖获得利益，他们上无爵位，下无土地和房屋，只能依靠奸诈的手段从事工商业来维持日常生活。百姓在山坡和湖泽的低洼处挖地洞居住的超过国家人口数量的一半。这些国家的土地不足以养活居住在那里的百姓，这种情况似乎超过了我们国家的人口不足以充实土地的程度。稍微揣摩一下百姓的心理，就知道他们想要的东西无外乎是田地和房屋。可是这些对三晋来说非常匮乏，而秦国的土地富裕有余这是实情。即便这样韩国、赵国、魏国三个国家的百姓也不愿向西迁到我们秦国来，原因是秦国的士人大夫们活得很悲戚而百姓辛苦。我个人认为，"大王任用的官吏都很高明"是错误的见解，他们不愿去争取三晋百姓来我们这里的原因是，把爵位看得太重还舍不得免徭役赋税。他们说："三晋之所以弱小，是因为三晋的百姓乐于追求安乐，而朝廷又随便免除他们的徭役赋税还轻易给予爵位，秦国之所以强大，是因为秦国的百姓勤劳而肯吃苦，朝廷又不会随便免除徭役赋税还不会轻易给予爵位。如果我们也轻易把爵位给予百姓，长期免除徭役赋税，那么我们就是放弃秦国之所以强大的方法，而像三晋之所以弱小的原因一样。"这就是大王您手下的官吏吝啬爵位、舍不得免除徭役赋税的理由，而我个人认为这种观点非常不正确。我们之所以让百姓吃尽苦头去劳作和加强兵力，就是为了攻打敌国，实现自己的愿望。兵法中说："敌国的兵力

弱了，我们的兵力就强大了。"也就是说我们没有失去进攻的能力，而敌人失去了防守的能力。现在韩国、赵国、魏国打不过我们秦国，已经历经四代国君了。自从魏襄王以来，他们在野外作战就没有战胜过我们秦国，他们防守的城池必然被我们秦国攻破，大大小小的战役，韩国、赵国、魏国这三个国家败给我们的次数，数都数不过来。尽管这样他们依然不屈服，我们秦国可以夺走他们的土地，但夺不走他们的百姓。

【原文】

今王发明惠①，诸侯之士来归义者，今使复之三世，无知军事。秦四竟之内陵阪丘隰②，不起十年征③，者④于律也。足以造⑤作夫百万。曩者⑥臣言曰："意民之情，其所欲者田宅也，晋之无有也信，秦之有余也必。若此而民不西者，秦士戚而民苦也。"今利其田宅，而复之三世，此必与其所欲而不使行其所恶也，然则山东之民无不西者矣。且惠⑦之谓也。不然，夫实圹⑧什虚，也天宝⑨，而百万事本⑩，其所益多也，岂徒不失其所以攻乎？

【注释】

①明惠：大有恩惠。②阪（bǎn）：山坡。隰（xí）：低湿之地。③征：这里指征收赋税。④者：通"著"，著录，书写。⑤造：招徕。⑥曩（nǎng）者：从前，以往。⑦且（cú）：通"徂"，往。惠：同"德"。徂德：即归德，因德而使百姓归附。⑧圹（kuàng）：空地，荒地。⑨天宝：天然的宝物，这里指土地产出的物质。⑩本：本业，这里指农业。

【译文】

现在大王发布优惠政策，但凡从其他诸侯国来归附的人，立即免除他们三代人的徭役赋税，还不用参加作战。秦国境内的山地、坡地、洼地十年内不向他们征收赋税，并且把这些都写入法律条文中。我们开出这样优厚的条件足以招来百万百姓。以前我曾说："揣摩一下百姓的心理，就知道他们想要的东西无外乎是田地和房屋。可是这些对三晋来说非常匮乏，而秦国的土地富裕有余这是实情。即便这样韩国、赵国、魏国三个国家的百姓也不愿向西迁到我们秦国来，原因是秦国的士人大夫们活得很悲戚而百姓辛苦。"现在白送他们田地住宅，还免除他们三代人的徭役赋税，这就是送给他们想要的，还不让他们干不愿意干的事。这样的话崤山以东的百姓都会向西投奔我们秦国而来，这就是归德啊。不仅是这样，从各个诸侯国迁移来的百姓充实了荒芜的土地，他们的到来使那里的土地有所产出，百万人从事农业生产，他们所创造的好处简直太多了，难道仅仅是不失去进攻的能力吗？

【原文】

夫秦之所患者，兴兵而伐，则国家贫；安居而农，则敌得休息。此王所不能两成也。故三世战胜，而天下不服。今以故秦事敌，而使新民作本，兵虽百宿于外，竟内不失须臾①之时，此富强两成之效也。臣之所谓兵者，非谓悉兴尽起也，论竟内所能给军卒车骑。令故秦兵，新民给刍食②。天下有不服之国，则王以此春违其农③，夏食其食，秋取其刈④，冬冻其

葆⑤，以《大武》⑥摇其本，以《广文》⑦安其嗣。王行此，十年之内，诸侯将无异民，而王何为爱⑧爵而重复乎?

【注释】

①须臾：片刻，时间短。②刍食：粮草。③违其农：违背时令，不让其按时耕种。④刈：收割的庄稼。⑤葆：聚藏，这里指储存的物质。⑥《大武》：《逸周书》篇章。"春违农时"等句都是出自此篇。⑦《广文》：即《逸周书》之《允文》篇。⑧爱：吝惜，怜惜。

【译文】

秦国目前所担心的是，派兵去攻打别的国家，那么本国就会因缺少劳动力而贫穷；如果我们在家里从事农业生产，那么敌人就会得到充分休息的机会。这就是大王无法达到两全其美的事。过去的三代国君都能够在战争中取得胜利，可天下的诸侯国根本不服气。现在使用秦国原有的百姓去抵御敌国的军队，让新招来的百姓从事农业生产，军队即便在国外驻扎上百天，国内也不会对农业生产造成片刻的耽误，这样就可以达到富国强兵、两全其美的目的。我所说的用兵，不是把军队全部派出去，而是根据国内所提供的士兵、车辆和马匹来用兵。使用秦国原有的百姓去打仗，让新招来的百姓提供粮草等军需物资。天下的诸侯中谁要是不服，大王您可以在春天时派兵骚扰他们耕地播种，夏天时去抢食他们的粮食，秋天时去抢收他们的庄稼，冬天时挖出他们储存好的粮食，用《大武》篇中所说的去动摇他们国家的根基，用《广文》篇中所说的去安抚和收买他们的后代。大王如果您能这样做，十年之内，各个诸侯国内的百姓都会与秦国一条心，大王您为什么还要吝啬爵位和不肯免除徭役赋税呢？

【原文】

周军之胜①，华军之胜②，秦斩首而东之。东之无益，亦明矣，而吏犹以为大功，为其损敌也。今以草茅之地，徕三晋之民而使之事本，此其损敌也，与战胜同实。而秦得之以为粟，此反行两登③之计也。且周军之胜、华军之胜、长平之胜④，秦所亡民者几何？民客之兵不得事本者几何？臣窃以为不可数矣。假使王之群臣，有能用之、费此之半、弱晋强秦、若三战之胜者，王必加大赏焉。今臣之所言，民无一日之繇⑤，官无数钱之费，其弱晋强秦，有过三战之胜，而王犹以为不可，则臣愚不能知已。

【注释】

①周军之胜：即伊阙之战。公元前293年，秦国为了打开东进中原的通道，由大将白起率秦军在伊阙龙门大破魏韩24万联军，彻底扫平秦军东进之路。此战也是白起的成名之战。②华军之胜：即华阳之战。公元前273年，秦国名将白起、魏冉率军在韩国的华阳一带同魏国、赵国的军队发生的战争。魏赵两国最终战败，秦国获胜进占魏国的大片城池。此战共斩杀魏赵联军15万。③两登：两得，两成。登，通"得"，取得，获得。④长平之胜：即长平之战。公元前260年5月，秦、赵两国因争夺上党而爆发大规模的战争，耗时三年。赵军最终战败，秦国获胜进占长平。此战共斩首坑杀赵军约45

万。⑤繇：同"徭"，徭役。

【译文】

伊阙之战和华阳之战的胜利，秦军斩获颇丰又继续向东推进。秦军向东推进没什么好处，也是显而易见的，而官吏们认为还能建立更大的功业，因为这样可以杀伤敌国。现在我们使用常年长满荒草的土地招来韩国、赵国、魏国三个国家的百姓，让他们从事农业生产，这样对敌人也是一种破坏，与战胜敌人起到同样的效果。而我们秦国得到这三个国家的百姓让他们为我们生产粮食，这是军事和生产两个方面都可以得到满足的上等妙计。况且秦国在伊阙之战、华阳之战、长平之战中，战死了多少百姓啊？秦国的百姓因在外征战而无法从事农业生产又有多少人呢？我个人认为数不胜数。如果大王您的臣子中，有谁能率领这些兵力，只消耗一半的兵力，就能削弱三晋的实力而使秦国强大，并且取得与以往那三次战役一样的胜利，对于这样的将才，大王您一定会给予重赏。现在我所说的办法，百姓不需要服一天徭役，官府不浪费一分钱财，就可以削弱三晋的实力，使秦国变得强大，还远胜过这三次战役，而大王您却认为还是不行，那么愚笨的我对此就无法理解了。

【原文】

齐人有东郭敞者，犹多愿，愿有万金。其徒请赒①焉，不与，曰："吾将以求封②也。"其徒怒而去③之宋。曰："此爱于无④也，故不如以先与之有⑤也。"今晋有民，而秦爱其复，此爱非其有以失其有也，岂异东郭敞之爱非其有以亡其徒乎？且古有尧、舜，当时而见称；中世有汤、武，在位而民服。此三王者，万世之所称也，以为圣王也，然其道犹不能取用于后。今复之三世，而三晋之民可尽也。是非王贤立今时，而使后世为王用乎？然则非圣别说，而听圣人难也。

【注释】

①赒（zhōu）：救济他人。②封：封赏。③去：离开。④无：这里指没能到手的东西。⑤有：这里指拥有的东西。

【译文】

齐国有个人叫东郭敞，此人具有极强的贪婪欲，总希望自己能拥有万金。他的徒弟恳求他的救济，被他拒绝了，说："我打算积攒到万金以后用它们换取爵位。"徒弟很生气地离开了他而去了宋国。有人说："这个吝啬的人没得到自己想要的爵位，还不如把已经拥有的钱借给徒弟。"现在三晋的百姓众多，而秦国还是不肯免除徭役赋税，这同样是想得到没有得到的东西却失去了原有的东西，这与东郭敞没有得到爵位反而因吝啬失去徒弟有区别吗？上古时的尧、舜，在当时被人们称颂；中古时有商汤、周武王，在位时百姓都很顺从。这四位帝王世世代代受到人们的尊重和称赞，被人们奉为圣王，但他们治理国家的方法却不被后世的统治者所采用。现在免除外来移民三代的徭役赋税，三晋的百姓就能吸引过来。这难道不是大王您的贤明，让三晋的后世为大王效命吗？如此看来不是圣人的说法很特别，而是能听从圣人的教导非常难啊。

刑约第十六（佚）

【题解】

本篇亡佚。

赏刑第十七

赏刑，就是奖赏与刑罚。本篇认为治理国家需要统一奖赏、统一刑罚、统一教化。文中分别论述了三个统一的基本内容。

统一奖赏，就是指奖赏来源于战功，这样的话百姓就会拼死为君王效力，军队就天下无敌；统一刑罚，就是在法律面前人人平等，无论关系远近，职位高低，违反法律，一视同仁，这样的话才会有良好的社会秩序，百姓才能专注于农业生产；统一教化，就是摒弃儒家学说，杜绝仁义思想在国内传播，同时加大宣传力度，要想过上富贵的生活，就必须在战场上杀敌立功。

只要做到以上三点，百姓就会致力于作战，最终达到治理国家时不需要奖赏、不需要刑罚、不需要教化的境界。

【原文】

圣人之为国也，壹赏，壹刑，壹教。壹赏，则兵无敌；壹刑，则令行；壹教，则下听上。夫明赏不费，明刑不戮，明教

不变，而民知于民务，国无异俗。明赏之犹①至于无赏也，明刑之犹至于无刑也，明教之犹至于无教也。

【注释】

①犹：最，极致。

【译文】

圣明的君王治理国家时，统一奖赏，统一刑罚，统一教化。统一奖赏，国家的军队就会天下无敌；统一刑罚，君王的命令就能得到完美的执行；统一教化，百姓就服从君王的役使。高明的奖赏不会浪费财物，严苛的刑罚不会乱杀无辜，修明的教育不会随便改变风俗，而百姓知道该如何做，国家也不会出现另类的风俗。高明的奖赏的极致是达到不需要奖赏的境界，严苛的刑罚的极致是达到不需要刑罚的境界，修明的教育的极致是达到不需要教育的境界。

【原文】

所谓壹赏者，利禄官爵抟①出于兵，无有异施也。夫固②知愚、贵贱、勇怯、贤不肖，皆尽其胸臆之知，竭其股肱之力，出死而为上用也。天下豪杰贤良从之如流水。是故兵无敌而令行于天下。万乘之国不敢苏③其兵中原，千乘之国不敢捍城。万乘之国，若有苏其兵中原者，战将覆其军；千乘之国，若有捍城者，攻将凌其城。战必覆人之军，攻必凌人之城，尽城而有之，尽宾④而致之。虽厚庆赏，何费匮之有矣？

【注释】

①抟（zhuān）：同"专"，专一，集中。②固：同"故"。③苏：通"傃"，朝向。④宾：宾服，这里指征服。

【译文】

所说的统一奖赏，就是指利禄官爵都出自战争中立下的功绩，再没有其他可以获取恩惠的途径。因此无论聪慧还是愚昧、富贵还是低贱、勇敢还是胆怯、贤能还是无能的人，他们都在想尽办法，竭尽全力，拼死为君王效力。天下的英雄豪杰就像流水一样追随着君王。所以军队天下无敌而君王的政令能够在天下实行。即便拥有万辆兵车的国家也不敢在野外与他的军队作战，拥有千辆兵车的国家没勇气守住城池。拥有万辆兵车的国家如果在野外与他的军队作战，一旦开战必然全军覆没；拥有千辆兵车的国家如果防守城池，一旦他发起进攻城池很快就会攻破。只要应战就能消灭敌人的军队，只要进攻必然能攻破敌人的城池，如果所有的城池都被占领，那么天下的诸侯都会宾服来朝。即便给予丰厚的奖赏，财物怎么会不足呢？

【原文】

昔汤封于赞茅①，文王封于岐周②，方百里。汤与桀战于鸣条③之野，武王与纣战于牧野④之中，大破九军⑤，卒裂土封诸侯，士卒坐陈者，里有书社⑥。车休息不乘，纵马华山之阳，从牛于农泽，从之老而不收。此汤、武之赏也。故曰：赞茅、岐周之粟，以赏天下之人，不人得一升；以其钱赏天下之

人，不入得一钱。故曰：百里之君而封侯其臣，大其旧；自士卒坐陈者，里有书社。赏之所加，宽于牛马者，何也？善因天下之货，以赏天下之人。故曰：明赏不费。汤、武既破桀、纣，海内无害，天下大定。筑五库⑦，藏五兵⑧，偃武事，行文教，倒载干戈⑨，搢笏⑩，作为乐，以申其德。当此时也，赏禄不行，而民整齐。故曰：明赏之犹至于无赏也。

【注释】

①赞茅：汤早期时的封地。一说在今河南修武，一说在今山东菏泽。②岐周：地名。在今陕西岐山，周在此建国。③鸣条：地名。一说在今山西夏县，一说在今河南洛阳，一说在今河南封丘。鸣条之战是商灭夏的一次决定性战争。④牧野：地名。在今河南新乡。牧业之战是武王伐纣中一次决定性胜利。⑤九军：天子六军，诸侯三军，统称为九军。当天子有难，诸侯出兵勤王，因此这里的九军包含前来勤王的诸侯军队。⑥书社：古代二十五家立一社，把社内人名登记在册，所以称之为"书社"。⑦五库：指车库、兵库、祭器库、乐库和宴器库。⑧五兵：指弓、矢、殳、矛、戈五种兵器。⑨倒载干戈：把矛和戈倒置在车上，比喻战争结束。⑩搢笏（jìn hù）：古代大臣朝见天子时，把笏板插在腰带上。

【译文】

当年商汤的封地在赞茅，周文王的封地在岐周，面积不过方圆百里。商汤与夏桀在鸣条的旷野上进行交战，周武王与商纣王在牧野进行交战，商汤和周武王分别打败天子和诸侯的军队，最后商汤和周武王划分土地，分封有功的诸侯，那些参与作战的士兵，在自己的家乡都登记在册享受一定的待遇。商汤战胜夏桀、周武王战胜商纣王后，兵车放置一旁不再使用，把战马放到华山的南坡，把牛羊放到农泽一带的地里，直到老死也不再把它们赶回来。这就是商汤和周武王给天下人的奖赏啊。所以说：赞茅、岐周产出的粮食，如果奖赏给天下的人，恐怕每个人连一升也得不到；如果用赞茅、岐周的钱来奖赏天下人，每个人连一分钱也得不到。所以说：拥有方圆百里土地的君王成就大业后把自己的臣子封为诸侯，封地比他们原来的国土面积还要大；那些参与作战的士兵，在自己的家乡都登记在册享受一定的待遇。他们所得到的奖赏，甚至包括牛和马，这究竟是什么原因呢？是因为圣明的君王借助天下的财物，奖赏给天下的百姓。所以说：高明的奖赏不会浪费财物。商汤、周武王分别消灭了夏桀、商纣王，对国内没产生什么危害，天下非常安定。他们专门修建各种仓库，用于放置各种兵器，从此战争停息，对天下百姓实行思想品德教育。把兵器倒置着放好，大臣们穿着朝服腰间插着笏板，他们创造出音乐用来歌颂自己的功德。天下一片太平盛世，此时不用奖赏和利禄，百姓却很守规矩。所以说：高明奖赏的最高境界，就是不使用奖赏。

【原文】

所谓壹刑者，刑无等级，自卿相、将军以至大夫、庶人，有不从王令、犯国禁、乱上制者，罪死不赦。有功于前，有败于后，不为损^①刑。有善于前，有过于后，不为亏^②法。忠臣孝子有过，必以其数^③断。守法守职之吏有不行王法者，罪死

不赦，刑及三族④。同官之人⑤，知而讦⑥之上者，自免于罪，无贵贱，尸⑦袭其官长之官爵田禄。故曰：重刑，连其罪，则民不敢试。民不敢试，故无刑也。夫先王之禁，刺杀，断人之足，黥⑧人之面，非求伤民也，以禁奸止过也。故禁奸止过，莫若重刑。刑重而必得，则民不敢试，故国无刑民。国无刑民，故曰：明刑不戮。

【注释】

①损：减少。②亏：减损，减少。③数：这里指所犯罪行。④三族：说法不同，一说为父、子、孙；一说为父族、母族、妻族；一说为父母、兄弟、妻子。⑤同官之人：指同僚。⑥讦（jié）：揭发，揭露。⑦尸：古代祭祀时，代死者受祭，以臣下或者死者的晚辈充当。这里指替代。⑧黥：古代的一种肉刑，即墨刑。用刀刺人脸并在创口上涂墨。

【译文】

所说的统一刑罚，就是指刑罚面前没有等级差别，从卿相、将军、大夫到普通百姓，但凡不服从君王的命令，触犯国家的禁令，破坏君王制定的法律，处以死罪，绝不赦免。以前战场上立过战功，后来走上犯罪的道路，不能因为以前立过功就减轻刑罚。以前做过好事，后来走上犯罪的道路，不能因为以前做好事就减轻刑罚。忠臣孝子犯了罪，必须根据罪过的大小进行定罪。执法者和相关的官吏不执行君王的法令，判其死罪绝不赦免，并且刑罚株连三族。官吏的同僚，向君王坚决揭发他们犯下的罪过，不但自己可以免于刑事处罚，无论其地位高低，都可以继承被揭发者的官爵、土地和俸禄。所以说：加重刑罚，把他们的亲人也株连上，这样的话百姓就不敢以身试法了。百姓不敢以身试法，就等于刑罚没有了用武之地。古代帝王制定的法令法规中，或者把犯人处死，或者砍断犯人的脚，或者在犯人的脸上刺字，它的目的不是要伤害百姓，而是禁止奸邪和阻止犯罪。因此要想禁止奸邪和阻止犯罪，没有其他办法比重刑更好的了。刑罚重并且严格执行，这样的话百姓就不敢以身试法了，所以国家就不再有受到刑罚的百姓了。国家不再有受到刑罚的百姓，因此说：严苛的刑罚不是为了杀人。

【原文】

晋文公将欲明刑以亲百姓，于是合诸卿大夫于侍千宫，颠颉①后至，吏请其罪，君曰："用事焉。"吏遂断颠颉之脊②以殉。晋国之士，稽③焉皆惧，曰："颠颉之有宠也，断以殉，况于我乎！"举兵伐曹④、五鹿⑤，及反⑥郑之埤，东卫之亩⑦，胜荆人于城濮。三军之士，止之如斩足，行之如流水。三军之士，无敢犯禁者。故一假道重轻于颠颉之脊，而晋国治。昔者周公旦⑧杀管叔、流霍叔，曰："犯禁者也。"天下众皆曰："亲昆弟有过，不违，而况疏远乎！"故天下知用刀锯于周庭，而海内治，故曰：明刑之犹至于无刑也。

【注释】

①颠颉：人名，晋文公时期的大夫。②断颠颉之脊：断……脊，即腰斩。③稽：叩头至地。④曹：战国时的诸侯国，在今山东定陶西。⑤五鹿：地名。战国时属于卫国，在今

河南濮阳东北。⑥反：损坏，推到。⑦东卫之亩：晋国在卫国的西面，晋文公为了方便自己的军队，把卫国的田垄全部改为东西走向。⑧周公旦：姬姓名旦，亦称叔旦。西周开国元勋，杰出的政治家、军事家、思想家、教育家，儒学先驱，周文王姬昌第四子，周武王姬发的弟弟。采邑在周，故称周公。

【译文】

晋文公想使用严明的刑罚使百姓亲近于他，于是他召集所有的大臣都到侍千宫来，大臣颠颉偏偏迟到了，官吏请求晋文公给他治罪，晋文公说："按照法律法规处理吧。"执法官腰斩了颠颉并且示众。晋国的百姓看到后，害怕得叩头至地，说："颠颉是国君的宠爱之臣，因触犯刑律腰斩示众，更何况我们这些平民百姓啊！"后来晋文公派兵攻打曹国和卫国的五鹿，班师回朝时又捎带攻破了郑国的城墙，为了便于部队前进晋文公还下令把卫国的田垄全部改成东西走向，城濮大战中击败楚军。晋国的三军将士纪律严明，命令他们停止前进，他们立刻像被砍断脚一样站在那里不动；命令他们进攻，他们就像流水一样疾驰、迅速。晋国的三军将士，没有任何人敢违反命令。因此晋文公仅仅借颠颉犯轻罪而处以重刑腰斩的办法，就把晋国治理好了。以前周公杀管叔，流放霍叔，说："他们是违反法令的人。"天下人知道后都说："亲兄弟犯了错都不会免除制裁，更何况我们这些非亲非故、关系疏远的人啊！"从此以后天下的人都知道周公把刑罚用到了朝廷内，而国内随之得到了治理。因此说：公正严苛的刑罚的最高境界，就是不再使用刑罚。

【原文】

所谓壹教者，博闻、辩慧、信廉、礼乐、修行、群党[1]、任誉[2]、请谒[3]，不可以富贵，不可以辟[4]刑，不可独立私议以陈其上。坚者被[5]，锐者挫。虽曰圣知[6]、巧佞[7]、厚朴[8]，则不能以非功罔[9]上利。然富贵之门，要存战而已矣。彼能战者，践富贵之门。强梗[10]焉，有常刑而不赦。是父兄、昆弟、知识[11]、婚姻、合同者，皆曰："务之所加，存战而已矣。"夫故当壮者务于战，老弱者务于守，死者不悔，生者务劝，此臣之所谓壹教也。民之欲富贵也，共阖棺[12]而后止。而富贵之门必出于兵，是故民闻战而相贺也，起居饮食所歌谣者，战也。此臣之所谓明教之犹至于无教也。

【注释】

①群党：结党。②任誉：因名声好而保举。③请谒：请求，告求。④辟：通"避"。⑤被：同"披"，劈开，破开。⑥圣知：聪明睿智。⑦巧佞：善于言辞。⑧厚朴：根基深。⑨罔：获取。⑩强梗：骄横跋扈。⑪知识：相似相知的人。⑫阖棺：合上棺材盖，意思是到死才罢休。

【译文】

所说的统一教化，就是指见闻广博、聪慧善辩、诚实廉洁、精通礼乐、德行美好、结成朋党、因名声好而保举、私下告求，百姓不能因为拥有这些特征就觉得自己很富贵，不能因为拥有这些特征而去逃避刑罚，不能因为拥有这些特征就创立学说、发表观点而凌驾于国家法律之上。对于思想顽固的人要

予以击垮，对于锋芒毕露的人要予以挫败。即便是聪明睿智、能言善辩、忠厚朴实的人，也不能通过除了战功以外的其他途径来获取君王的赏赐。要想进入富贵的大门，也只能把希望寄托在战场上了。只有那些在战争中积极作战立下功劳的人，才有资格踏进富贵的大门。那些骄横跋扈的人，只要触犯法令法规必然受到刑罚而不能赦免。只有这样那些父亲伯叔、兄弟、熟悉的朋友、儿女亲家、志趣相投的人，都会说："我们需要加倍努力去做的，就是在战场上奋勇杀敌而已。"因此年富力强的人都努力同敌人作战，年老体衰的人都努力进行防守，那些战死在战场上的人不后悔，那些活着的人相互鼓励，这就是我所说的统一教化。百姓要想得到富贵，这个念头到死后钉上棺材盖才算终止。可富贵必须通过战争的途径来获得，百姓听到打仗的消息就高兴得相互庆贺，日常生活中所唱的歌谣，都是与打仗有关的事。这就是我所说的修明的教育的最高境界是不再使用教化。

【原文】

此臣所谓参教①也。圣人非能通，知万物之要也。故其治国，举要以致万物，故寡教②而多功③。圣人治国也，易知而难行也。是故圣人不必加，凡主④不必废；杀人不为暴⑤，赏人不为仁者，国法明⑥也。圣人以功授官予爵，故贤者不忧。圣人不宥⑦过，不赦刑，故奸无起。圣人治国也，审⑧壹而已矣。

【注释】

①参教：指赏、刑、教三事。参，同"三"。②寡教：指壹赏、壹刑、壹教。寡，少。③功：功效。④凡主：平庸的国君。⑤暴：残暴。⑥明：严明。⑦宥(yòu)：宽恕，饶恕。⑧审：详尽了解，研究。

【译文】

这就是我说的三种教化。圣明的君王并非什么都知道，但明白万物的要领。因此他在治理国家时，抓住要领而知道一切，所以只用这三种简单的教化就能取得卓越的功绩。圣明的君王治理国家时，道理容易明白但实行起来却非常困难。所以圣明的君王未必需要赞美，平庸的君王未必就要废掉；杀人算不上残暴，赏赐算不上仁爱，这是因为国家的法令法规严明公正。圣明的君王治理国家时按照功绩授予官职赐予爵位，因此贤能的人不必担忧无用武之地。圣明的君王治理国家时不会原谅别人犯下的错误，不会赦免对罪犯的刑罚，因此那些邪恶的事情就不再发生。由此可见，圣明的君王治理国家时，只考虑统一奖赏、统一刑罚、统一教化罢了。

画策第十八

【题解】

　　画策，就是谋划策略。本篇的中心思想是，以秦国为根据地，厉行法治，富国强兵，通过对外战争统一全国。

　　本文中商鞅把前代的历史分为昊英之世、黄帝之世、神农之世，不同时期社会状态不同，统治的制度也有所不同，但都取得了非凡的成就。因此，制度不能一成不变，要根据时代的变化而变化。商鞅指出，要想"治天下"必须"先治其民"，治理百姓的根本在于法治。执行法治在于确立"使法必行之法"。

　　战国时期，天下混乱，战争是成就王道的不二之选，要想在战争中取得胜利，通过设立赏罚的方法鼓励百姓在战场上拼死作战。如何使赏罚之法成为"必行之法"，就要实行重刑和连坐制度，这样的话百姓就不敢违抗军令，就能够在战场上勇猛无敌。

　　文中还记述了商鞅思想的著名命题："以战去战，虽战可也；以杀去杀，虽杀可也；以刑去刑，虽重刑可也。"表现出商鞅法治核心的严酷性和实用性。

【原文】

　　昔者昊英①之世，以代木杀兽，人民少而木兽多。黄帝之世，不麛不卵②，官无供备之民，死不得用椁③。事不同，皆王者，时异也。神农之世，男耕而食，妇织而衣，刑政不用而治，甲兵不起而王。神农既没，以强胜弱，以众暴④寡。故黄帝作为君臣上下之义、义子兄弟之礼、夫妇妃⑤匹之合；内行刀锯，外用甲兵。故时变也。由此观之，神农非高于黄帝也，然其名尊者，以适于时也。故以战去战，虽战可也；以杀去杀，虽杀可也；以刑去刑，虽重刑可也。

【注释】

　　①昊英：传说中古代帝王的名字。②麛：幼鹿，这里泛指幼小的野兽。卵：鸟蛋。③椁（guǒ）：套在棺材外面的大棺材。④暴：欺凌。⑤妃（pèi）：通“配”。

【译文】

　　远古昊英统治的时代，准许百姓砍伐树木、捕杀野兽，当时的情况是百姓少而树木、野兽多。黄帝统治的时代，禁止百姓捕杀幼小的野兽，禁止掏吃鸟蛋，官吏的家中没有养仆人供自己使唤，死了不得用外棺套着棺材进行埋葬。昊英和黄帝的做事方法不一样，却都能称王于天下，这是因为时代发展有所不同。神农统治的时代，男人耕田种地而使人们有饭吃，女人纺线织布而使人们有衣服穿，不使用刑罚和政令而天下太平，不发动战争就能称王于天下。神农死后，社会上出现了靠强大欺负弱小，靠人多压迫人少的现象。因此，黄帝统治时期制定出君臣之间和上下之间关系的准则，父子、兄弟之间关系的规

范，夫妇配偶的婚姻制度；对内用刑罚维持社会秩序，对外用武力保卫国家。这也是时局变化的缘故。从神农和黄帝两个时代的具体情况来看，神农并不比黄帝高明，他之所以享有崇高的名誉，是因为他采取的统治措施契合当时的社会发展。后来时局发生了变化，所以用战争的手段达到消除战争的目的，虽然进行战争也是可取的；用杀戮的手段达到消除杀戮的目的，虽然进行杀人也是可取的；用刑罚的手段达到消除刑罚的目的，虽然动用重刑也是可取的。

【原文】

昔之能制①天下者，必先制其民者也；能胜强敌者，必先胜其民者也。故胜民之本在制民，若冶于金、陶②于土也。本不坚，则民如飞鸟禽兽，其孰能制之？民本，法也。故善治者，塞③民以法，而名地作矣。

【注释】

①制：驾驭，掌握。②陶：制作陶器。③塞：遏制，约束。

【译文】

古代那些能掌握天下的统治者，必须首先掌握国内的百姓；那些能制服强敌的胜利者，必须首先制服国内的百姓。因此掌握百姓的根本在于制服百姓，如同冶铁的工人对于金属一定要反复锤炼，制造陶器的工人对于泥土一定要反复揉捏。这个基本原则要是不坚决，百姓就像飞禽走兽一样分散零乱，有谁能够控制得住他们呢？治理百姓的根本，是法律。所以善于治理百姓的统治者，用法律来约束百姓，国家就会获得好的名声，土地就会得到开垦。

【原文】

名尊地广，以至王者，何故？战胜者也。名卑地削以至于亡者，何故？战罢①者也。不胜而王，不败而亡者，自古及今未尝有也。民勇者，战胜；民不勇者，战败。能壹民于战者，民勇；不能壹民于战者，民不勇。圣王见王之致于兵也，故举国而责②之于兵。入其国，观其治，兵用者强。奚以知民之见用者也？民之见战也，如饿狼之见肉，则民用矣。凡战者，民之所恶也。能使民乐战者，王。强国之民，父遗③其子，兄遗其弟，妻遗其夫，皆曰："不得，无返！"又曰："失法离④令，若⑤死我死。"乡治之，行间⑥无所逃，迁徙无所入。行间之治，连以五，辨之以章⑦，束之以令。拙⑧无所处，罢无所生。是以三军之众，从令如流，死而不旋踵⑨。

【注释】

①罢：失败。②责：要求。③遗（wèi）：送。④离：违背。⑤若：你。⑥行（háng）间：行伍之间，指军中。⑦章：徽章，标记。⑧拙：借作"趉（jué）"，逃走。⑨旋踵：转身，这里指畏惧退缩。

【译文】

一个国家名望尊崇，疆域辽阔，以至称王于天下，是什么原因造成的呢？是它在战争中取得胜利造成的。一个国家名望低微，国土面积狭小，以至亡国，是什么原因造成的呢？是它在战争中被打败造成的。不是在战争中取得胜利而称王于天

下，不是在战争被打败而亡国，从古到今还没出现过这样的事。一个国家的百姓勇敢，在战争中就能取得胜利；一个国家的百姓不勇敢，在战争中就被打败。能够统一领导百姓进行战争，百姓就勇敢；没有能力领导百姓进行战争，百姓就不勇敢。圣明的君王认识到统一天下需要强大的兵力才能实现，所以整个国家以强兵为职责。进入一个国家，观察它的治理成就，凡是强兵政策发挥出作用的，国家就一定强盛。如何知道一个国家的百姓在强兵方面受到重用呢？百姓对待战争，就像饿狼看到了肉一样，这样的话，百姓就在战争中发挥出巨大的作用。说起战争，是百姓所憎恶的事。能够使百姓乐于投入到战争中去，这个国家就能称王于天下。强国的百姓，父亲送儿子当兵、哥哥送弟弟当兵、妻子送丈夫当兵，通常都会说："不取得胜利，就不要回来。"有说："如果在军中违反法令，你将被处死，我也活不成。"乡里管理严密，在军队里想逃回来是没有地方可逃的，迁移到任何地方都不能入户。军队行伍的组织管理采用五人互保连坐制，用规章划清守法和犯法的界限，用军令加以约束，想躲起来没有地方敢收容，开小差没办法生存下去。所以三军的广大将士，都坚决服从命令，为国家战死而毫不迟疑。

【原文】

国之乱也，非其法乱也，非法不用也。国皆有法，而无使法必行之法。国皆有禁奸邪、刑盗贼之法，而无使奸邪、盗贼必得之法。为奸邪、盗贼者死刑，而奸邪、盗贼不止者，不必得。必得，而尚有奸邪、盗贼者，刑轻也，刑轻者，不得诛[①]也；必得者，刑者众也。故善治者，刑不善而不赏善，故不刑而民善。不刑而民善，刑重也。刑重者，民不敢犯，故无刑也。而民莫敢为非，是一国皆善也，故不赏善而民善。赏善之不可也，犹赏不盗。故善治者，使跖②可信，而况伯夷③乎？不能治者，使伯夷可疑，而况跖乎？势不能为奸，虽跖可信也；势得为奸，虽伯夷可疑也。

【注释】

①诛：惩罚。②跖（zhí）：即盗跖。相传为春秋末期人，鲁国大夫柳下惠的弟弟，名跖。春秋末期奴隶起义的领袖，"盗"是统治者对他的贬称。③伯夷：商末孤竹君的儿子。周武王灭商后，天下归周，他和弟弟叔齐不吃周朝的粮食，一同饿死在首阳山，是古代忠信的典范。

【译文】

　　一个国家发生混乱，不是法律引起的混乱，不是法律弃之不用。每一个国家都有自己的法律，但缺少法律必须彻底执行的办法。每一个国家都有禁止邪恶、处罚盗贼的法律，但缺少使邪恶、盗贼得到惩罚的办法。犯了邪恶、盗贼罪的判处死刑，而邪恶、盗贼的犯罪行为仍然无法得到有效遏制，这是因为做了坏事不一定被处罚。就算处罚了，却仍有邪恶、偷盗的事发生，这是因为刑罚轻的原因。刑罚轻了，犯罪分子没得到应有的惩罚。一定要惩罚他们，受到刑罚处置的人就多了。善于治理国家的君王，惩罚国内不守法的人但不去奖赏国内仁善的人，因此不用刑罚而百姓自觉地行使仁善。不使用刑罚，百姓行使仁善，是因为刑罚重的缘故。刑罚重，百姓就不敢违法乱纪，因此刑罚就派不上用场。百姓不敢为非作歹，整个国家都表现出善的一面。因此不对百姓表现出的仁善进行奖赏而百

姓都将仁善。对仁善进行奖赏是绝对不行的，就像奖赏不偷盗的人一样。所以善于治理国家的君王，能将盗跖这样的人改造得完全值得信赖，更何况像伯夷、叔齐这样品行高尚的人呢？不懂得治国之道的人，即便是伯夷、叔齐这样的人都有可能走上犯罪的道路，更何况像盗跖这样的人呢？假如客观环境可以让人不去做坏事，盗跖这样的人完全值得信赖；假如客观环境可以让人干坏事，伯夷、叔齐这样的人照样有干坏事的嫌疑。

【原文】

国或重治①，或重乱。明主在上，所举必贤，则法可在贤。法可在贤，则法在下②，不肖不敢为非，是谓重治。不明主在上，所举必不肖，国无明法，不肖者敢为非，是谓重乱。兵或重强，或重弱。民固欲战，又不得不战，是谓重强。民固不欲战，又得无战，是谓重弱。

【注释】

①重治：治理得更好。②法在下：法令贯彻到下层。

【译文】

国家要么治理得更好，要么治理得更乱。英明的君王在上位执政时，提拔的必然是一些贤能的人才，国家的法令法规就掌握在贤能者的手里。国家的法令法规掌握在贤能者的手里，就能至上而下贯彻到基层，那些不正派的人就不敢为非作歹，这叫作治理得越来越好。昏庸的君王在上位执政时，提拔的必然是一些没有贤能的人，国家就没有严明的法令法规，那些不正派的人就敢违法乱纪，这叫作治理得越来越混乱。一个国家的军事力量，要么非常强盛，要么非常虚弱。百姓本来就想着打仗，又不得不投入战斗，这叫作强上加强。百姓本来就不想打仗，又不得不参加战斗，这叫作弱上加弱。

【原文】

明主不滥富贵其臣。所谓富者，非粟米珠玉也？所谓贵者，非爵位官职也？废法作私，爵禄之，富贵之，滥也。凡人主德行非出人也，知非出人也，勇力非过人也。然民虽有圣知，弗敢我谋；勇力，弗敢我杀；虽众，不敢胜其主；虽民至亿万之数，县①重赏而民不敢争，行罚而民不敢怨者，法也。国乱者，民多私义②；兵弱者，民多私勇③。则削国之所以取爵禄者多涂人④。亡国之欲，贱爵轻禄，不作而食，不战而荣，无爵而尊，无禄而富，无官而长，此之谓奸民。所谓"治主无忠臣，慈父无孝子"，欲无善言，皆以法相司⑤也，命相正⑥也。不能独为非，而莫与人为非。所谓富者，入多而出寡。衣服有制，饮食有节，则出寡矣。女事尽于内，男事尽于外，则入多矣。

【注释】

①县：同"悬"。②私义：损害国家利益的私人关系。③私勇：为个人的利害恩怨拼命地争斗。④涂人：涂，同"途"。涂人，指四处游说而获取利益的人。⑤司：管理，治理。⑥正：纠正错误。

【译文】

英明的君王不会随便用富贵来笼络臣属。人们所说的富，

难道不是指的是拥有粮食和珠宝玉器吗？人们所说的贵，难道不是指的是爵位和官职吗？抛弃法令法规的规定而搞私人关系，给予臣子爵位和俸禄，使臣子们一个个都很富贵，这就是滥施富贵。通常而言君王的德行不是超过一般人之上，智慧不是超过一般人之上，勇力也不是超过一般人之上。即便百姓拥有非凡的智慧，也不敢谋取君王的地位；即便百姓勇敢而有力量，也不敢杀害君王；即便百姓人数众多，也不敢凌驾于君王之上；即便百姓的人数多达亿万，国家出重金悬赏百姓也不敢胡乱争抢奖金，国家执行刑罚百姓也不敢心存怨言，这一切都是法治的结果。一个国家出现混乱，是因为百姓多考虑以私人关系为准则而行使个人道义；一个国家的军队实力弱小，是因为百姓中许多人为私人的利害恩怨而拼命争斗。一个国家之所以被削弱，是因为攫取爵位、俸禄的途径很多。一个国家之所以灭亡，是因为百姓看不起爵位和轻视俸禄，不参与劳动就能获得食物，没有战功就能获得荣耀，没有爵位就能显得尊贵，没有俸禄照样很富有，没有官职就能居于人上，这些人叫作"奸民"。所说的"一个君王把国家治理得很好，就无所谓忠臣；一个家庭的父亲把子女教导得很好，就无所谓孝子"。他们不使用仁义道德那一套来谆谆教导，而是使用法律使他们相互监督，用命令让他们相互纠正。这样的话，每一个人都不敢干坏事，而且也不允许别人干坏事。所谓的富有，是因为收入多而支出少。衣服穿戴有节制，饮食节约一点，支出就减少了。妇女在家尽力做事，男子外出尽力做事，收入就增加了。

【原文】

所谓明者，无所不见，则群臣不敢为奸，百姓不敢为非。

是以人主处匡^①床之上，听丝竹之声^②，而无下治。所谓明者，使众不得不为。所谓强者，天下胜^③。天下胜，是故合力。是以勇强不敢为暴，圣知不敢为诈而虚用^④。兼天下之众，莫敢不为其所好，而辟其所恶。所谓强者，使勇力不得不为己用。其志足，天下益之；不足，天下说^⑤之。恃天下^⑥者，天下去之；自恃者，得天下。得天下者，先自得^⑦者也；能胜强敌者，先自胜^⑧者也。

【注释】

①匡：方。②丝竹之声：指音乐。③天下胜：用天下的力量取胜于天下。④虚用：空洞的说辞。⑤说：同"悦"。⑥恃天下：依靠国外的势力。⑦先自得：首先自己获得能取得天下的条件。⑧先自胜：首先自己具备克敌制胜的条件。

【译文】

所谓英明的君王，指的是什么事情都能看得到，群臣就不敢弄虚作假，百姓也不敢为非作歹。所以君王可以安心地躺在床上，听着美妙的音乐，国家却治理得很好。所谓英明的君王，指的是能使群臣和百姓不得不奋发有为。所谓强国的君王，能调动天下的力量取胜于天下。调动天下的力量取胜于天下，这就是集中了一切的力量。所以勇敢强悍的人不敢随意捣乱，聪明的人不敢随意欺诈，凭借空洞的说辞所选用。天下的人，不敢不按照强国君王的意愿行事，而免得做出他所不喜欢的事。强国的君王，可以让勇敢的人为自己所用。他的意志得到满足，全天下的人都能从中得到利益；如果他的意志没有得到满足，全天下的人也会心悦诚服。而依靠外国势力的人，其他国家也会排斥他；依靠自己的力量，才能得到天下。得到天

下的人，首先自己要具备得到天下的条件；能够战胜强敌的人，首先自己要具备克敌制胜的条件。

【原文】

圣人知必然之理，必为之时势。故为必治之政，战必勇之民，行必听之令。是以兵出而无敌，令行而天下服从。黄鹄之飞，一举千里，有必飞之备也；蚕蚕巨丘①，日走千里，有必走之势也；虎、豹、熊、罴，鸷而无敌，有必胜之理也。圣人见本然之政，知必然之理，故其制民也，如以高下制水②，如以燥湿制火③。故曰：仁者能仁于人，而不能使人仁；义者能爱于人，而不能使人爱。是以知仁义之不足以治天下也。圣人有必信之性，又有使天下不得不信之法。所谓义者，为人臣忠，为人子孝，少长有礼，男女有别。非其义也，饿不苟食，死不苟生。此乃有法之常也。圣王者不贵义而贵法。法必明，令必行，则已矣。

【注释】

①蚕蚕巨丘：传说中的良马。②高下制水：运用水从高向下流的规律来治水。③以燥湿制火：运用干燥容易着火而潮湿可以灭火的规律来控制火。

【译文】

圣明的人知道社会发展的基本规律，一定会顺应时代的发展形势。因此制定必然能把国家治理好的政策，打仗必然用勇敢的士兵，下达命令百姓必然服从。所以军队打仗必然天下无敌，君王下达的命令天下就服从。黄鹤飞翔时，一次能飞千里，因为它具备必能飞行千里的生理结构；蚩蚩巨丘这样的良马，一日能行千里，因为它具备可以奔跑千里的本领；虎、豹、熊、罴这类野兽，凶猛而无敌，因为它具备战胜其他野兽的能力。圣人可以发现治理社会的有效制度，懂得社会发展的基本规律，因此他治理百姓，就像运用水从高向下流的规律来治水一样，又像运用干燥容易着火而潮湿可以灭火的规律来控制火一样。因此说：仁慈的人可以对他人仁慈，而不能使他人同样仁慈；有道义的人能够爱别人，去不能使他人同样有爱心。由此可知，使用仁义无法治理天下。圣人具备让天下人信任的品德，又具备让天下人不得不信任的办法。通常所说的"义"，是指做臣子的忠于君王，做儿子的孝敬父母，年轻人对老年人要有礼节，男女有所差别交往时应慎重守礼。如果违反道义，宁愿挨饿也不随便吃饭，就算死也不苟且偷生。这些正义的表现正是有法律约束的结果。圣明的君王不重视道义而重视法律。法律必须要明确，君王的命令必须贯彻执行，这样就可以了。

境内第十九

【题解】

境内，没有实际意义，取篇首的字作为标题而已。本篇比较零散，相继记录了秦国的一些制度，大体上以军事制度为主。其中包括户籍制度、仆役分配制度和服役制度、军队建制、军规、赏罚办法、核定功过的程序、攻城围邑的方法，等等，突出地反映了秦国"上首功"的特色。

有学者认为，本篇是商鞅拟定的律令草案，由于年代久远，严重散佚。尽管本篇的内容零散，但从仅存的文字来看对法律的记载周密而翔实，通过本篇我们可以对秦国的法律大致有所了解，而这些法律制度也深刻地反映出秦国法律的严苛性。

【原文】

四境之内，丈夫女子皆有名于上，生者①著，死者削②。

【注释】

①生者：这里指新生的人口。②削：注销。

【译文】

全国之内，男人女人都在官府登记名字建立户籍，新生的人口必须登记在册，死去的人就从户籍上注销。

【原文】

其有爵者乞无爵者以为庶子①，级乞一人。其无役事②也，其庶子役其大夫月六日。其役事也，随而养③之军。

【注释】

①庶子：古时候指嫡子以外的孩子。战国时秦、魏等国的家臣也称庶子。②役事：这里指兵役。③养：侍候。

【译文】

有爵位的人让无爵位的人给自己做家臣，每一级只允许要一个。不发生战争或没有徭役时，家臣每个月为主人服役六天。发生战争时，家臣跟随主人到军中侍候他。

【原文】

爵自一级已下至小夫，命曰校、徒、操，公士①。爵自二级已上至不更②，命曰卒。其战也，五人束簿为伍，一人兆③而刭其四人，能人得一首④则复。五人一屯长，百人一将。其战，百将、屯长不得首，斩；得三十三首以上，盈论⑤，百将、屯长赐爵一级。五百主⑥，短兵⑦五十人。二五百主，将

之主，短兵百。千石之令^⑧短兵百人，八百之令短兵八十人，七百之令短兵七十人，六百之令短兵六十人。国尉^⑨，短兵千人。将，短兵四千人。战及死事，而刭短兵。能一首则复。

【注释】

①公士：爵位的名称，秦国的爵位分为二十级，公士为最低的一级。②不更：爵位的名称，第四级。③兆：通"逃"。④首：这里指敌人的首级。⑤盈论：按照满额论功行赏。⑥主：这里指将官。⑦短兵：持刀剑等短兵器的士兵，是相对于手持弓箭的士兵而言。⑧千石之令：俸禄为一千石的官员。⑨国尉：官名，军队中中高级官职。

【译文】

爵位自一级以下到小夫，称为校、徒、操，公士。爵位从二级开始到四级，称为"卒"。战争来临时，五人编为一个名册称为一伍，其中的一个人逃跑就惩罚另外四个人，如果谁能在战斗中斩获敌人一颗首级就可以免除刑罚。每五人设一个屯长，每一百人设一个将。作战时，如果将、屯长得不到敌人的首级，则面临斩杀的后果；如果作战时斩获敌人首级三十三颗以上，就算达到了规定的数量，将、屯长的爵位可以升一级。统率五百人的将领，配备持短兵器的士兵五十人。统率两个五百人的将领，是两个统率五百人将领的统领，配备持短兵器的士兵一百人。俸禄一千石的长官，配备持短兵器的士兵一百人；俸禄八百石的长官，配备持短兵器的士兵八十人；俸禄七百石的长官，配备持短兵器的士兵七十人；俸禄六百石的长官，配备持短兵器的士兵六十人。国尉，配备持短兵器的士兵一百人。大将，配备持短兵器的士兵四千人。如果将官战死在战场上，持短兵器的士兵要受到刑罚。如果他们中间有谁能斩获敌人的首级，则可以免于刑罚。

【原文】

能攻城围邑斩首八千已上，则盈论；野战斩首二千，则盈论。吏自操及校以上大将尽赏。行间之吏也，故爵公士也，就为上造①也；故爵上造，就为簪袅②；故爵簪袅，就为不更③；故爵不更，就为大夫。爵吏而为县尉④，则赐虏⑤六，加五千六百。爵大夫⑥而为国尉，就为官大夫；故爵官大夫，就为公大夫；故爵官大夫，就为公乘；故爵公乘，就为五大夫，则税邑⑦三百家。故爵五大夫，就为大庶长；故大庶长，就为左更；故三更⑧也，就为大良造⑨。皆有赐邑三百家，有赐税三百家。爵五大夫，有税邑六百家者，受客⑩。大将、御⑪、参皆赐爵三级。故客卿⑫相，论盈，就正卿⑬。

【注释】

①上造：二等爵。②簪袅：三等爵。③不更：四等爵。④县尉：官名。秦汉时县令、县长以下设置尉，掌管全县的治安。⑤虏：奴仆。⑥大夫：五等爵。⑦税邑：与税邑相当，卿大夫的封地，可以收取其租税。⑧三更：爵位列十二、十三、十四等分别称为左更、中更、右更，统称三更。⑨大良造：爵位的名称，即大上造，第十六等爵。⑩受客：接受门客。⑪御：车夫。⑫客卿：请其他诸侯国的人来秦国做官，

其位为卿，而以客礼相待，故而称为"客卿"。⑬正卿：春秋时诸侯国的最高行政官员，权力仅次于国君。

【译文】

军队围攻敌国的城邑过程中，能够斩获敌人首级八千颗以上，就达到了国家规定的数目；野战中斩获敌人首级两千颗以上，就达到了国家规定的数目。将吏从操、校到大将都可以得到相应的奖赏。军队中的官吏，以前爵位是公士的，晋升为上造；以前爵位是上造的，晋升为簪袅；以前爵位是簪袅的，晋升为不更；以前爵位是不更的，晋升为大夫。以前爵位是小吏的晋升为县尉，赏赐六个奴仆，另外增加五千六百俸禄；以前爵位是大夫，担任国尉的，晋升为官大夫；以前爵位是官大夫的，晋升为公大夫；以前爵位是公大夫的，晋升为公乘；以前爵位是公乘的，晋升为五大夫，并且赏赐三百户的食邑。以前爵位是五大夫的，晋升为大庶长；以前爵位是大庶长的，晋升为左更；以前爵位是三更的，晋升为大良造。大庶长、三更以及大良造都赏赐三百户的食邑，另外赏赐三百户的田赋。爵位是五大夫，有六百户的租税和食邑，可以招揽门客。将军、车夫、骖乘都赏赐爵位三级。以前以客卿的身份为相的，符合朝廷的规定，就可以晋升为正卿。

【原文】

以战故，暴首①三，乃校②三日，将军以不疑③致士大夫劳爵。夫老爵，其县过三日有不致士大夫劳爵，罢其县四尉，訾由丞尉④。

【注释】

①暴（pù）首：陈列所斩获的敌人的首级。②校（jiào）：查对，校验。③不疑：这里指对战功没有产生疑问。④丞尉：县丞、县尉的合称，比四尉的爵位高。

【译文】

战争结束以后，把所斩获的敌人的首级公示三天，相关人员对此审核三天，将军认为真实可信，就按照事先制定好的赏赐标准给立功者赏赐爵位。赏赐的爵位，县里三天时间还没有具体落实给立功者，就撤了该县四尉的职，由丞、尉对其做出刑罚。

【原文】

能得甲首①一者，赏爵一级，益②田一顷，益宅九亩，除③庶子一人，乃得入兵官之吏。

【注释】

①甲首：甲士的首级。这里指军队中的伍长，为小军官。②益：增加。③除：给予。

【译文】

能够斩获敌方小军官的首级一颗，赐予爵位一级，增加田亩一顷，增加宅地九亩，赏赐奴仆一人，还可以担任军队或地方官府的官员。

【原文】

　　其狱法：高爵訾下爵级。高爵罢，无给有爵人隶仆。爵自二级以上，有刑罪则贬①。爵自一级以下，有刑罪则已②；小夫死。

【注释】

　　①贬：降级。②已：停止，这里指取消。

【译文】

　　治罪刑罚规定：爵位高的人可以审判爵位比他低一级的人。爵位高的人罢免以后，不能再享受以前在此爵位时所配备的奴仆。拥有二级以上爵位的人，犯罪后就降低他的爵位。一级爵位以下的人犯了罪，就免去他的爵位；小夫犯了罪则处死。

【原文】

　　公士以上至大夫，其官级一等，其墓树①级一树。

【注释】

　　①墓树：春秋战国时期的墓葬文化，就是在坟墓旁边种植树木，级别越高种植的树木就越多。

【译文】

　　公士以上直到大夫，死后爵位每高一级，坟墓旁种植的树木就多一棵。

【原文】

其攻城围邑也，国司空訾①其城之广厚之数。国尉分地，以校、徒分积尺②而攻之，为期，曰："先已者当为最启，后已者訾为最殿③。再訾则废。"穴通则积薪④，积薪则燔柱⑤。陷队之士⑥，面十八人。陷队之士，知疾斗，不得，斩首。队⑦五人，则陷队之士，人赐爵一级；死，则一人后⑧。不能死之，千人环规⑨，黥劓⑩于城下。国尉分地，以中卒⑪随之。将军为木台，与国正监、与王御史参望之。其先入者举为最启，其后入者举为最殿。其陷队也，尽其几者⑫；几者不足，乃以欲级益之。

【注释】

①国司空：官名，负责掌管工程。訾（zī）：测量。②积尺：体积的数量。③殿：后。④积薪：堆积柴草。⑤燔柱：焚烧。⑥陷队之士：相当于攻坚战中的敢死队。⑦队：古同"坠"。⑧一人后：指家族中有一个人可以继承爵位。⑨环规：围观。规，通"窥"。⑩黥：一种在脸上刺字的酷刑。劓（yì）：一种割鼻子的酷刑。⑪中卒：中军之卒。⑫几者：自愿申请的人。几，通"冀"，希望。

【译文】

围攻敌国城池时，军队里的国司空负责测量城墙的高度和厚度。国尉确定攻打的地点，校、徒分别根据土方的数量负责

指挥士兵挖掘城墙，并给出期限，还命令道："最先完成任务的立头等功，最后完成任务的罚为最末等。两次都排在末等的就要撤掉爵位。"城墙掘通后就堆上柴草，点燃木头。由不怕死的士兵组成的敢死队，每个方向都分布十八人。敢死队的士兵，都知道需要拼死作战，不取得成功，就会被敌人斩首。敢死队如果能斩获敌人的五个首级，那么这个敢死队的每一个士兵，都能获得爵位一级。如果有谁战死，他家族中可以有一人继承其爵位。如果怕死退缩，那么就要在城下千人的围观中，对其实施黥刑或劓刑。国尉负责划分地段，中军的士兵必须听从分配。将军站在搭起的木台上，和国家的正监、王的御史一同向敌人的城池观望。先进入城内的士兵评为头等功，后进入城内的士兵评为落后。敢死队的士兵组成，尽量是自愿申请加入。如果自愿申请的人数不够，就用想晋升的人来补充。

弱民第二十

【题解】

　　弱民，就是弱化百姓的反抗意识。它的目的是使百姓老老实实地服从国家的法令法规，不与国家的意志搞对抗。本篇中围绕弱民与强国的关系进行阐述。作者以"民弱国强，民强国弱"开篇，旨在强调，百姓要老实本分，遵纪守法，听从国家的调遣，服从国家的分配，国家政权才会强大起来。

　　谈到具体的措施时，作者指出法治是根本。君王应该重视法令法规，使用严格的赏罚制度鼓励百姓从事农业生产和军事作战，采取灵活多变的爵禄制度让富裕的百姓拿出粮食换取官爵，用法治清除"六虱"和打击不切实际的空谈。文中，还以楚国亡国的例子，说明不使用法治，再强大的国家也会衰弱下来。

【原文】

民弱国强，民强国弱。故有道之国，务在弱民。朴则弱，淫则强。弱则轨^①，强者越志^②。轨者有用，越志则犷。故曰：以强去强者，弱；以弱去强者，强。

【注释】

①轨：遵循。这里指守法。②越志：放纵任性。

【译文】

百姓的反抗意识弱小，国家就会强大；百姓的反抗意识强，国家就会弱小。所以治理得当的国家，一直致力于弱化百姓的反抗意识。百姓质朴反抗意识就弱小，百姓放纵反抗意识就强。百姓的反抗意识弱小就会遵守法令法规，百姓的反抗意识强就会放纵任性。所以说：采取强民的政策去管束不服从政令的百姓，国家就会弱小；采取弱民的政策去管束不服从政令的百姓，国家就会强大。

【原文】

民，善之则亲，利之用^①则和。用则有任，和则匮^②。有任，乃富于政^③。上舍法，任民之所善，故奸多。民贫则力富，力富则淫，淫则有虱。故民富而不用，则使民以食出官爵，官爵各必其力，则农不偷。农不偷，六虱无萌。故国富而贫治，重强。

【注释】

①利之用：使百姓从自身功用中获得好处。这里指百姓聪明有能力，并且能充分发挥自身能力，从而获得好处。②匮：通"溃"，散乱。③富于政：这里指百姓过多地参与朝政。

【译文】

对于百姓，国家推行儒家的"仁善"政策，他们就会只爱自己的亲人。倘若国家在使用百姓的过程中让他们从中得到利益，他们就会与国家一条心。他们与国家一条心就会竭尽全力，国家的政令就能得到很好的执行。如果君王把法令法规弃之一边，放任百姓为所欲为，那么搞歪门邪道的人就多了。百姓贫穷就会努力实现富裕，百姓富裕就会放纵，百姓放纵就会产生虱害。当百姓富裕后又没有战事，就让他们用手中的粮食换取爵位，爵位的取得必需要付出劳动，这样的话他们就不怠惰了。百姓不怠惰，就不会产生六种虱害。所以国家强大百姓又遵纪守法，国家就会强上加强。

【原文】

兵易弱难强。民乐生安佚。死难①，难正②。易之则强。事有羞③，多奸；寡赏，无失。多奸疑④，敌失，必利。兵至强，威；事无羞，利。用兵久处利势，必王。故兵行敌之所不敢行，强；事兴敌之所羞为，利。法有，民安其次⑤；主变，事能得齐⑥。国守安，主操权，利。故主贵多变，国贵少变。

179

【注释】

①死难：为国家危难而死。②正：期望。③羞：羞愧，耻辱。④疑：安定，止息。⑤次：次序，顺序。⑥齐：通"济"，成功。

【译文】

国家的兵力走向衰弱很容易，走向强大很困难。百姓都爱惜自己的生命，喜欢贪图安逸。为了国家的安危而死，百姓难以做出这样的决定。如果能让百姓觉得为国难而战死是件容易的事，那么国家的兵力就一定能够强大起来。百姓把作战看成羞耻的事情，邪恶就会增多；君王不随便赐予奖赏，就不会出现过失。敌对国家内有奸邪及相互猜忌之人，作战时必然有过失，这必然对我们有利。兵力强大，就会产生威势；百姓不把对外作战看成羞耻的事情，就会对国家有利。对外战争的过程中长期处于优势，必然能称王于天下。因此，对外用兵要做敌方不敢做的事，必然会强大；在处理国家政事上采取敌国羞于使用的手段，必然对国家有利。法度有常，百姓才能各安其位；君王根据形势改变策略，事情才能有效解决。国家长治久安，君王大权在握，这对国家的发展是有利的。

【原文】

利出一孔①，则国多物；出十孔，则国少物。守②一者治，守十者乱。治则强，乱则弱。强则物来，弱则物去。故国致物者强，去物者弱。

【注释】

①孔：渠道，途径。②守：使用。

【译文】

利禄来源于一个途径，国家的物质就多；利禄来源于十个途径，国家的物质就少。使用一个途径的国家，国家就治理得很安定；使用十个途径的国家，国家就治理得很混乱。治理严明的国家就会强大，治理混乱的国家就会衰弱。国家强大就能聚集物质，国家衰弱导致物质流失。所以能把物质聚集到一起的国家就强大，使物质流失的国家就弱小。

【原文】

民，辱则贵爵，弱则尊官，贫则重赏。以刑治民，则乐用；以赏战民，则轻死。故战事①兵用曰强。民有私荣②，则贱列③卑官；富则轻赏。治民羞辱以刑，战则战。民畏死，事乱而战，故兵农怠而国弱。

【注释】

①事：整治。②私荣：自以为荣。③列：职位，职务。

【译文】

百姓，地位卑微就会重视爵位，胆小怕事就会敬重官吏，贫穷就会渴望得到赏赐。国家用刑罚治理百姓，百姓就愿意为国家效力；用赏赐奖励在战争中的立功者，百姓就轻视死亡。

所以战争爆发之前严厉管理和训练士兵，作战中他们就会全力以赴，这叫作强。当百姓有了自以为荣的心理后，他们就会轻视官位和蔑视官吏；他们富裕后就看不起赏赐。统治百姓需要用法律法规惩罚他们，战争爆发时他们才会为国家出战。百姓畏惧死亡，战争爆发时因部署混乱而仓促应战，那么百姓和士兵就会产生懈怠情绪，国家就会因此而衰弱。

【原文】

农、商、官三者，国之常食官也。农辟地，商致物，官法民。三官生虱六，曰"岁"，曰"食"，曰"美"，曰"好"，曰"志"，曰"行"。六者有朴①，必削。农有余食，则薄燕②于岁。商有淫利，有美好，伤器。官设而不用，志、行为卒③。六虱成俗，兵必大败。

【注释】

①朴：这里指根。②薄燕：这里指懈怠农事。薄，轻视。燕，通"宴"，闲适，安逸。③卒：众。

【译文】

农民、商人、官吏这三类人，是国家常规、稳定的职业。农民开垦土地，商人贩卖物品，官吏治理百姓。这三类职业可以产生六种虱害，分别为"岁"虱，"食"虱，"美"虱，"好"虱，"志"虱，"行"虱。这六种虱害一旦在他们中间扎下了根儿，国家必然会因此而削弱。农民有了多余的粮食，就贪图享乐，直接影响来年的收成。商人赚到丰厚的利润，就会卖好看好玩的物品，直接影响到日用品的生产和流通。官吏在职位上成了摆设，起不到任何有效的作用，他们不肯为国家出力，营私舞弊的思想和行为形成风气。只要这六种虱害形成风气，作战时必然大败。

【原文】

法枉，治乱；任善，言多。治众，国乱；言多，兵弱。法明，治省；任力，言息。治省，国治；言息，兵强。故治大，国小；治小，国大。

【译文】

法令法规失去威力，国家必然混乱；实施儒家的"仁爱"政策，不切实际的空谈就盛行起来。治理国家的政策繁杂，国家必然混乱；不切实际的空谈盛行起来，国家的兵力必然弱小。法令法规严厉明确，统治国家就简单省事；崇尚实力，不切实际的空谈就会停止。统治国家简单省事，国家就安定；停止不切实际的空谈，国家的兵力就会走向强盛。因此治理国家越繁杂，国家就越弱小；治理国家越简单，国家就越强大。

【原文】

政作民之所恶，民弱；政作民之所乐，民强。民弱，国强；民强，国弱。故民之所乐民强，民强而强之，兵重弱。民之所乐民强，民强而弱之，兵重强。故以强重弱，削，以弱重强，王。以强攻强，强存；以弱攻弱强，强去。强存则弱；强

去则王。故以强政弱，削；以弱政强，王也。

【译文】

　　国家制定的政策是百姓所反对的，百姓就弱；国家制定的政策是百姓所喜欢的，百姓就强。百姓弱，国家就强；百姓强，国家就弱。百姓喜欢国家的强民措施，如果百姓强了而政策又使他们变得更强，那么国家的兵力只能是弱上加弱。百姓喜欢国家的强民措施，如果百姓强了而政策能使他们由强变弱，那么国家的兵力就会强上加强。因此推行强民政策导致国家的兵力弱上加弱，国力也必然被削弱；推行弱民政策可以使国家的兵力强上加强，就能称王于天下。使用强民政策治理强民与弱民，强民依然存在；用弱民政策治理弱民与强民，就可以把强民消灭。强民存在，国家就弱；消灭强民，国家就能称王于天下。所以用强民政策治理弱民，国家必然会被削弱；用弱民政策治理强民，就能称王于天下。

【原文】

　　明主之使其臣也，用必加于功，赏必尽其劳。人主使其民信此如日月，则无敌矣。今离娄见秋豪之末，不能以明目易人；乌获举千钧之重，不能以多力易人；圣贤在体性也，不能以相易也。今当世之用事者，皆欲为上圣，举法之谓也。背法而治，此任重道远而无马、牛，济大川而无舡楫①也。今夫人众兵强，此帝王之大资也，苟非明法以守之也，与危亡为邻。故明主察法，境内之民无辟淫之心，游处之士迫于战陈②，万民疾于耕战。有以知其然也。楚国之民，齐疾③而均，速若飘风④。宛钜铁鉈⑤，利若蜂虿⑥；胁鲛犀兕⑦，坚若金石。江、汉以为池，汝、颍以为限，隐以邓林，缘以方城⑧。秦师至，鄢、郢举⑨，若振槁；唐蔑⑩死于垂涉，庄蹻⑪发于内，楚分为五。地非不大也，民非不众也，甲兵财用非不多也；战不胜，守不固，此无法之所生也，释权衡而操轻重者。

【注释】

①舡（chuán）：船。楫：桨。②陈：通"阵"。③齐疾：动作敏捷。④飘风：旋风，暴风。⑤宛：楚国地名，在今河南南阳，以产铁著称。钜：坚硬的铁。鉈（shī）：矛。⑥蜂虿（chài）：指蜂尾的刺。⑦鲛：鲛鱼，即鲨鱼。犀：犀牛。兕（sì）：雌犀牛。这三种动物的皮非常坚硬，这里指用这三种动物的皮制作的铠甲。⑧方城：春秋时期楚国北部的长城，为古九寨之一。⑨鄢：春秋时楚国的别都。郢（yǐng）：春秋战国时期楚国的都城。举：攻克。⑩唐蔑：战国时楚国的将领。⑪庄蹻（qiāo）：战国时楚国的农民起义领袖。

【译文】

圣明的君王使用臣子时，一定会根据他们的功绩而进行任用，一定会根据他们的功劳进行赏赐。如果君王能让百姓像相信日月那样而相信自己，那么就能天下无敌了。离娄可以看到鸟兽身上细小的毫毛，却无法把自己的好视力转移给别人；乌获能举起千斤的重量，却无法把自己的大力气转移给别人；圣人具有特殊的禀性，也无法转移给别人。当今掌握政权的君王，如果想成为圣人，就必须推行法治。不使用法度治理国家，就像背负很沉重的东西而路途又非常遥远却没有牛马帮

助一样，就像想渡过大河却没有舟船一样。现在国家人口众多，军队又兵强马壮，正是成就帝王霸业的绝佳资本，如果不使用严明的法令法规去巩固它，这种优势很快就消亡。所以圣明的君王需要严明法度，这样的话，国内的百姓就不会产生淫邪的念头，游说之士和隐居之士不得不参加战斗，百姓全都参与农耕和作战。君王要明白这其中的道理。楚国的百姓行动敏捷而统一，速度快得就像旋风一样。他们手持用宛地铁制作的长矛，长矛的尖像蜂蝎的刺一样锋利；他们身穿用鲛鱼皮、犀牛皮制作的铠甲，铠甲坚硬得像金属和石头一样。楚国地理优越，长江、汉水是他们的护城河，汝水、颖水可以帮助他们阻碍外敌入侵，邓林是他们的天然屏障，方城是他们的军事要塞。可是外面秦国的军队只要一到来，攻下鄢、郢二地如同抖落枯叶一样轻松；楚国的大将唐蔑在垂涉战死，庄蹻在国内带领农民起义，楚国就会四分五裂。楚国的土地广阔，人口众多，铠甲兵器和财物很多；他们在战争中无法取得胜利，防守上又不牢固，究其原因就是不使用法度的结果，不用法度治理国家，就好像不用称量工具而去称量物体的轻重一样。

御盗第二十一（佚）

【题解】

本篇亡佚。

外内第二十二

【题解】

外内，就是对外对内的各种政策。本篇中，阐述了商鞅对外重视战争，对内重视农业的思想。作者认为，对外作战和农业生产是一个国家的立国之本，但百姓却形成一种错误的认知，他们认为对外作战威胁到自身生命，是一件极其恐怖的事情；他们认为从事农业生产，是件很辛苦的事情，不愿意去做。

要想让农民去从事农业生产和对外战争，必须使用严厉的刑罚去驱使他们，当他们逃避农耕和作战，所面临的刑罚比农耕和作战还要痛苦。同时还要堵住那些游手好闲、空谈者们的升官发财之路，加重商人的税收，提高粮食的价格，让商人无法获取暴利。总之，在边境攻防中获得的好处都分配给军人，在市场贸易中的好处都分配给农民，这样的话，就能达到富国强兵的目的。

【原文】

民之外事，莫难于战，故轻法不可以使之。奚谓轻法？其赏少而威薄，淫道不塞之谓也。奚谓淫道？为辩知者贵，游宦者任,文学私名①显之谓也。三者不塞,则民不战而事失矣。故其赏少,则听者无利也;威薄,则犯者无害也。故开淫道以诱之,而以轻法战之,是谓设鼠而饵以狸也,亦不几②乎?故欲战其民者,必以重法。赏则必多,威则必严,淫道必塞。为辩知者不贵,游宦者不任,文学私名不显。赏多威严,民见战赏之多则忘死,见不战之辱则苦生。赏使之忘死,而威使之苦生,而淫道又塞,以此遇敌,是以百石之弩③射飘叶也,何不陷④之有哉?

【注释】

①文学:儒家学说,这里指提倡儒家思想的人。私名:即私人,门客。②几:希望渺小。③百石之弩:威力强劲的弩。石,古代的重量单位,一石等于一百二十斤。④陷:攻破。

【译文】

对百姓而言,没有比对外战争更难的事了,因此国家使用轻法就不能驱使他们去战场上作战。什么是轻法呢?就是奖赏的少而刑罚的也不重,放任他们的道路没有堵住。什么是放任的道路呢?就是能说会道的人得到尊重,四处游走求官的人得到任用,提倡儒家学说的人和私人的门客得到显扬。如果不把这三种途径堵住,百姓就不愿意为国家作战,国家在战争中就会失败。所以国家奖赏的少,服从法令的人得不到好处;国家的刑罚轻,触犯法令法规的人就得不到应有的刑罚。所以开启放任百姓的路径等于诱导百姓不务正业,而使用轻法驱使百姓走上战场,等同于用狸猫做诱饵诱捕老鼠一样,成功的希望难道不是很渺小吗?因此要想让百姓走上战场,必须使用重法。奖赏必须丰厚,刑罚必须严苛,放任的道路必须得堵住。让那

些能说会道的人不再受到尊重，让那些四处游走求官的人不再被任用，让那些提倡儒家学说的人和私人的门客不再得到显扬。奖赏丰厚而刑罚严苛，百姓看到通过作战可以得到很多奖赏，他们就会不顾生命危险而拼死作战，而那些不参加战争的人就像受到羞辱一样苟且偷生地活着。奖赏可以使百姓忘记死亡的危险，严刑使他们因害怕而痛苦地活着，放任的道路又被堵死，国家用这样的办法驱使百姓去战场上同敌人作战，就好像用百石的强弩去射飘摇的树叶，难道还攻不破吗？

【原文】

民之内事，莫苦于农，故轻治不可以使之。奚谓轻治？其农贫而商富，故其食贱者钱重[1]。食贱则农贫，钱重则商富；末事不禁，则技巧之人利，而游食者众之谓也。故农之用力最苦，而赢利少，不如商贾、技巧之人。苟能令商贾、技巧之人无繁，则欲国之无富，不可得也。故曰：欲农富其国者，境内之食必贵，而不农之征[2]必多，市利之租必重。则民不得无田[3]，无田不得不易[4]其食。食贵则田者利，田者利则事者众。食贵，籴食不利，而又加重征，则民不得无去其商贾、技巧而事地利矣。故民之力尽在于地利矣。

【注释】

①钱重：这里指钱很值钱。②征：赋税。③田：农民耕种之田。④易：交换。

【译文】

百姓认为国境之内的各种事务中，没有比从事农业生产更辛苦的了，所以用轻治不能使百姓去务农。什么是轻治呢？就是农民贫穷而商人富有，所以粮食价格低廉而钱就显得非常值钱。粮食价格低廉农民就贫穷，钱的购买能力很强商人就富有；不限制工商业的发展，手工业者就能从中获得利益，不参与劳动而四处游荡求取食物的人就会增多。所以农民卖力劳动最为辛苦，获得的利益却很少，远远不如商人和手工业者。如果能减少商人和手工业者的收入，就算国家不想富裕，都是不可能的。所以说：要想依靠农业使国家富裕起来，必须提高国内的粮食价格，对那些不从事农业生产的人一定要加重赋税，对贸易的利税必须加重。这样的话，百姓不得不从事农业生产，不耕田种地就不得不买粮食，粮食价格高农民就从中获得利益，通过耕田种地获取利益的人就会增多。粮食的价格高，买粮食又不划算，加之赋税又那么重，百姓就不得不放弃商业、手工业转而通过农业生产获取利益。这样的话，百姓的力量就会集中到农业生产上。

【原文】

故为国者，边利尽归于兵，市利尽归于农。边利归于兵者强，市利归于农者富。故出战而强、入休而富者，王也。

【译文】

治理国家的人，要把边境作战中获得的利益和好处分配给士兵，要把集市贸易的利益和好处分配给农民。边境作战中获得的利益和好处分配给士兵，军队就强大；集市贸易的利益和好处分配给农民，国家就富庶。所以对外作战将士就强悍，内部休养生息国家就富裕，就能称王于天下。

君臣第二十三

【题解】

　　本篇主要阐述君臣在治理国家的过程中所扮演的角色和起到的作用。君王与臣子的等级关系，决定国家的基本秩序。国家中，设立众多官位，而这些官位围绕在君王周围，它们的职能就是帮助君王治理国家。

　　君王要想治理好国家，首先是要赢得民众的尊崇，政令至上而下才能得到有效的执行；其次是官员清正廉洁，社会才能安定团结。若要实现这两点，必须明确法度，用法律做保障。法律严明，赏罚分明，将士们才能在战场上拼死杀敌，农民才能安心从事农业生产。

　　对于君王违背法度，文中给予批评，同时还指出君王的行为会直接影响百姓的所作所为。所以，君王必须规范自己的行为与言语，做任何事情都要以法度为准则，以强兵为主旨，以富国为前提。

【原文】

　　古者未有君臣、上下之时，民乱而不治。是以圣人列贵贱，制爵位，立名号，以别君臣上下之义。地广，民众，万物多，故分五官^①而守之。民众而奸邪生，故立法制、为度量^②以禁之。是故有君臣之义、五官之分、法制之禁，不可不慎也。处君位而令不行，则危；五官分而无常，则乱；法制设而私善^③行，则民不畏刑。君尊则令行，官修则有常事，法制明则民畏刑。法制不明，而求民之行令也，不可得也。民不从令，而求君之尊也，虽尧、舜之知，不能以治。明王之治天下也，缘^④法而治，按功而赏。凡民之所疾战不避死者，以求爵禄也。明君之治国也，士有斩首、捕虏之功，必其爵足荣也，禄足食也。农不离廛^⑤者，足以养二亲，治军事。故军士死节，而农民不偷也。

【注释】

①五官：分别掌管政事的五个高级官职。商朝时以司徒、司马、司空、司士、司寇为五官，参见《礼记·曲礼》；周朝以司徒、宗伯、司马、司寇、司空为五官，参见《周礼·春官》。②度量：法度、标准。③私善：意为私惠，不以法为标准而实行的恩惠。④缘：因循。⑤廛（chán）：古代指一户人家所居住的房及房屋周围的土地。这里指居所。

【译文】

古代没出现君臣之间的上下关系时，百姓管理混乱毫无秩序所言。因此圣人划分贵贱，设立爵位，建立名号，以此来区分君王与臣子之间的上下等级关系。由于国土面积广大，人口众多，物产丰富，所以设立五官分别进行管理。人口多就会出现奸邪的事情，所以就创立法度、标准来限制奸邪事情的发

生。有了君臣之间的等级关系、五官的职能、法律的限制，百姓做事情就不得不慎重考虑。身处君王的位置而下达的命令却无法得到有效执行，国家就处在危险之中；五官不按照职责去秉公办事，国家就处在混乱之中；法度明明已经建立却不依法律为准则去实行恩惠，百姓就不再畏惧刑罚。君王有尊严和威信，命令才可以得到贯彻和执行；官吏清正廉洁，政事才能按照规章制度进行处理；法度严明不可侵犯，百姓才惧怕刑罚。法度不严明，却要求百姓服从法令，这是不可能做到的。百姓不服从命令，君王却希望有尊严，即便具有尧、舜这样的智慧，也不可能做到。圣明的君王治理天下时，必定会遵照法度处理各种政事，必定按照功劳的大小进行奖赏。凡是在战场上奋勇作战不惧死亡的百姓，就是为了求得爵位和俸禄。圣明的君王治理国家时，士兵如果能在战场上斩获敌人的首级、抓获到俘虏，一定授予他能够带来足够荣耀的爵位，一定要让他获得的俸禄足够养活一家人。农民不离开家园，通过劳动足以养活父母双亲，还可以给军队提供所需的粮草。因此士兵才会拼死为国家效力，而农民对从事农业生产也不会产生懈怠情绪。

【原文】

今世君不然，释法而以知，背功而以誉。故军士不战，而农民流徙。臣闻：道民之门在上所先。故民，可令农战，可令游宦，可令学问，在上所与。上以功劳与，则民战；上以《诗》《书》与，则民学问，民之于利也，若水于下也，四旁①无择也。民徒可以得利而为之者，上与之也。瞋目扼腕②而语勇者得，垂衣裳③而谈说者得，迟日旷久积劳私门者

194

得。尊向④三者，无功而皆可以得，民去农战而为之。或谈议而索之，或事便辟而请之，或以勇争之。故农战之民日寡，而游食者愈众，则国乱而地削，兵弱而主卑。此其所以然者，释法制而任名誉也。

【注释】

①四旁：东南西北四个方向。②瞋目扼腕：瞪大眼睛，一手握住另一手的腕部，形容非常愤怒的样子。③垂衣裳：双手下垂，表现出无所事事的样子。④向：从前、以往，这里指以上。

【译文】

当今的君王却不是这个样子，他们把法度弃之一边而去任用有智慧的人，背弃论功行赏的原则而去任用在社会上有名气的人。所以士兵们不愿意拼死作战，而农民不愿意长期居住在一个地方却热衷四处迁移。我听说：引导百姓的关键主要在于君王所重视的。君王对于百姓而言，可以让他们农耕和作战，可以让他们通过游说的形式谋取官位，可以让他们一门心思研究学问，这都取决于君王对百姓奖赏的侧重点。如果君王按照功劳的大小进行奖赏，那么百姓就会拼死作战；如果君王按照对《诗》《书》造诣的深浅进行奖赏，那么百姓就会专心研究学问。百姓追逐利益，就像流水一样总是从高处流向低处，不存在东南西北方向性选择。百姓只要能从中获得利益就会去做，关键在于君王给予赏赐的事儿是什么。瞪眼握腕嘴上勇武的勇士得到奖赏，游手好闲夸夸其谈的人得到奖赏，长期攀附

权贵给权贵效力的人得到奖赏。如果尊崇以上这三种人，他们因没有功劳就能获得奖赏，百姓就会离开农业和作战而去从事这些事情。他们中间有的人夸夸其谈就能求得奖赏，有的人攀附权贵获得奖赏，有的人以显示强悍的方式换来奖赏。因此从事农业和作战的人就会日益减少，而四处游荡和吃闲饭的人就会越来越多。这样的话，国家出现混乱而土地必然被割占，军队弱小而君王必然就显得卑微。出现这种结果的根本原因是，君王把法度弃之一边而去任用那些社会上有名气的人。

【原文】

故明主慎法制。言不中①法者，不听也；行不中法者，不高也；事不中法者，不为也。言中法，则辩②之；行中法，则高之；事中法，则为之。故国治而地广，兵强而主尊。此治之至也，人君者不可不察也。

【注释】

①中（zhòng）：符合。②辩：言辞好听。

【译文】

所以圣明的君王重视法度。不符合法度的言论，坚决不听；不符合法度的行为，坚决不推崇；不符合法度的事情，坚决不做。言论符合法度，就认定为是好听的；行为符合法度，就坚决去推崇；事情符合法度，就积极去做。这样的国家政治清明而土地就会扩大，军队强大而君王的地位就显得尊贵。这就是治理国家的最高境界，做君王的不能不明辨呀。

禁使第二十四

【题解】

禁使，就是限制和役使。这篇文章取首句中的两个字为标题，主旨就是论述君王的统治术。文章中除了讲述利用赏罚来限制和役使百姓外，还谈到君王如何借助外力（即"势"）和如何运用适当的方法（即"数"）来驾驭臣民。文中指出，君王的外力不是官吏越多越好，如果官吏的利益相同，他们就会串通一气，不可能起到相互监督的作用。君王要做的，就是让他们利益不同，这样的话，他们就会相互监督、相互制约，罪恶也就无法隐瞒，国家自然也就变得安定有序。

【原文】

人主之所以禁使者，赏罚也。赏随功，罚随罪。故论功察罪，不可不审也。夫赏高罚下，而上无必知其道也，与无道同也。凡知道者，势、数①也。故先王不恃其强，而恃其势；不恃其信，而恃其数。今夫飞蓬②遇飘风而行千里，乘风之势也；探渊者知千仞③之深，县绳之数也。故托其势者，虽远必至；守其数者，虽深必得。今夫幽夜，山陵之大，而离娄不

见；清朝日䏱④，则上别飞鸟，下察秋豪。故目之见也，托日之势也。得势之至，不参⑤官而洁，陈数而物当⑥。今恃多官众吏，官立丞、监⑦。夫置丞立监者，且以禁人之为利也；而丞、监亦欲为利，则何以相禁？故恃丞、监而治者，仅存之治也。通数者不然也。别其势，难其道，故曰：其势难匿者，虽跖不为非焉。故先王贵势。

【注释】

①势：客观形势。数：方法，手段。②飞蓬：指根断叶枯，遇风飞旋的蓬草。③仞：古代长度单位，周制为八尺，汉制为七尺。④䏱（tuān）：明亮。⑤参：检验。⑥当：合宜。⑦丞、监：这里指负责监督的官员。

【译文】

君王用来限制和役使臣子的手段，是赏赐和刑罚。赏赐是根据功劳进行奖赏，刑罚是根据罪行进行惩罚。所以评定功劳和判定罪行，不得不谨慎审核。奖赏有功劳的人，惩罚有罪过的人，如果君王不明白这个道理，即便有法度也等同于没有法度。但凡懂得法度的意义和重要性，就懂得客观形势和统治方法。因此古代帝王不仰仗自身的强悍，而是仰仗客观形势；不仰仗对手下臣子的信任，而是仰仗统治方法。就像枯叶断根的蓬草遇到旋风能飘飞千里，这是因为它仰仗的是风势；就像测量深潭的人非常清楚八千尺到底有多深，这是因为他使用的是悬绳测量的方法。所以仰仗客观形势的人，即便路途如何遥远也一定能够到达；掌握了方法的人，即便深不见底也一定能够测量出来。假如是在深夜，有一座非常高大的山，离娄即便有超长的视力也不会看见；清晨阳光明亮，离娄上能辨别出天空的飞鸟，下能分辨出鸟兽掉落在地上的细小的毫毛。眼睛之所以能看到东西，是借助太阳这一客观条件。能够充分利用客观形势的君王，不需要想方设法考验官吏，而官吏自然就清正廉洁，因此运用恰当的统治方法就能把政事处理得井井有条。现在官吏众多，在官吏中设立丞、监。设立丞、监的目的，就是监督官员以权谋私的行为；但不要忘了丞、监也会谋取私利，用什么方法去限制他们呢？因此，利用丞和监来治理国家，仅仅能保住国家不会危亡。精通治国方法的君王不会这样做。他们会冷静分析客观形势，阻断以权谋私的通道。所以说：依据客观形势治理国家，做坏事的人就无法藏身，即便是盗跖也不敢再做坏事。所以古代帝王善于利用客观形势。

【原文】

或曰："人主执虚①后以应，则物应稽验②，稽验则奸得。"君以为不然。夫吏专制决事于千里之外，十二月而计书③以定，事以一岁别计④，而主以一听，见所疑焉，不可蔽⑤，员⑥不足。夫物至，则目不得不见；言薄，则耳不得不闻。故物至则变⑦，言至则论。故治国之制，民不得避罪，如目不能以所见遁心。今乱国不然，恃多官众吏。吏虽众，事同体一也。夫事同体一者，相监不可。且夫利异而害不同者，先王所以为保⑧也。故至治，夫妻交友不能相为弃恶盖非，而不害于亲，民人不能相为隐。上与吏也，事合而利异者也。今夫骈虞⑨，以相监不可，事合而利异者也。若使马焉能言，则骈虞无所逃其恶矣，利异也。利合而恶同者，父不能以问子，君不

能以问臣。吏之与吏，利合而恶同也。夫事合而利异者，先王之所以为保也。民之蔽主，而不害于盖。贤者不能益，不肖者不能损。故遗贤去知，治之数也。

【注释】

①虚：道家术语，排除主观意念。这里指君王不表现自己的主观好恶，臣子难以揣摩到君王的心思。②稽验：核查，检验。③计书：古代地方州郡向君王呈报政绩的文书，记载有户口、垦田、钱粮等。④计：审核，核算。⑤蔽：决断。⑥员：这里指物证。⑦变：通"辨"，明。⑧保：这里指连坐。⑨驺（zōu）虞：天子园囿里掌管鸟兽的官。

【译文】

有人说："君王应该秉持虚静无为、退观其变的态度来应对外界的一切，这样的话事情就能得到验证，得到验证就能发现奸邪。"我不这样认为。官吏们分布在千里之外的地方，他们独立决断地方的事务，一年十二个月中按时把地方各种事务记录在薄书上，国家政事以一年为单位进行分类审核，而君王根据他们上报的薄书只能处理一次，即便有所疑虑，也无法做出准确判断，因为缺乏足够的物证。事物就摆在眼前，眼睛不得不看；言论就出现在耳边，耳朵不得不听。因此当事物出现在眼前时就要分辨清楚，当言论传到耳中就要衡量和评定。所以政治清明的国家的法度，可以让百姓无法掩盖他们犯下的罪恶，就像眼睛看到事物无法逃避内心的判断一样。现在政治混乱的国家却不是这种情况，君王只依靠众多的官吏来治理国家。官吏多，他们的利益是一致的。利益一致，不可能起到相互监督的作用。而利与害有所不同，才是古代先王实施连坐制度的根本依据。所以安定昌盛的国家，夫妻、朋友都无法相互包庇而掩盖罪行，但并不妨碍他们之间的亲情和友情，因为连坐制度让百姓不能相互隐瞒相互包庇。君王与官吏，处理事务是相同的但利益有所不同。如果让管理马匹的人相互监督绝对不能达到预期效果，因为他们事务相同，利益一致。假如马会说话，那么管理马匹的人就无法隐瞒自己犯下的罪行了，因为马与马匹管理者的利益不同。在利益一致、罪恶相同的情况下，父亲无法揭发儿子，君王无法追究臣下。官吏与官吏之间，就是利益相同、罪恶相同的共同体。事务相同而利益不同，才是古代帝王建立连坐制度的重要依据。百姓蒙蔽君王，又不会受到监督和举报，这样的话贤人不会增加，不好的人不会减少。因此抛弃贤能，摒除智慧，才是治理国家的基本方法。

慎法第二十五

【题解】

慎法，就是严格遵守法令。国家颁布了保护农战的奖赏法令，就必须严格执行。事实上，很多国家的君王治理国家时，产生一个误区，他们以为任用贤者就能把国家治理好。而贤者之所以能成为贤者，是由舆论造成的。贤者尽管某方面有能力，不一定能治理好国家，可能会使社会流弊横生。所以，治理国家以法治为基本纲领，对于在战争中立下功劳的人给予奖赏，同样用法令的手段，让那些奸诈、邪恶之徒无处藏身。对待百姓的问题上，要摸清百姓趋利避害的本能，制定出相关的赏罚措施，规定百姓要想获得好处只能从事农业，要想避免刑罚只能入伍征战。用严格的法令役使百姓致力于农战，国家就一定会走向强大，就一定能称王于天下。

【原文】

凡世莫不以其所以乱者治，故小治而小乱，大治而大乱。人主莫能世治其民，世无不乱之国。奚谓以其所以乱者治？夫举贤能，世之所治也，而治之所以乱。世之所谓贤者，善正

202

也；所以为善正也，党也。听其言也，则以为能；问其党，以为然。故贵之不待其有功，诛^①之不待其有罪也。此其势，正使污吏有资^②而成其奸险，小人有资而施其巧诈。初假^③吏民奸诈之本，而求端悫^④其末，禹不能以使十人之众，庸主安能以御一国之民？彼而党与^⑤人者，不待我而有成事者也。上举一与民，民倍主位而向私交。民倍主位而向私交，则君弱而臣强。君人者不察也，非侵于诸侯，必劫于百姓。彼言说之势，愚智同学之。士学于言说之人，则民释实事而诵虚词。民释实事而诵虚词，则力少而非^⑥多。君人者不察也，以战必损其将，以守必卖^⑦其城。

【注释】

①诛：处罚，惩罚。②资：凭借。③假：给予。④端悫（què）：正直诚实。⑤与：交好。⑥非：通"诽"，诽谤。⑦卖：背叛，这里指抛弃、放弃。

【译文】

世间的君王没有不使用乱国的方法来治理国家的，所以他们治理的力度小国家就出现小乱，治理的力度大国家就出现大乱。君王中没有任何一个人能够世世代代统治百姓，而天下没有不乱的国家。什么叫作用乱国的方法去治理国家呢？例如任用贤能，就是现在的君王们采取治理国家的方法，国家就是因为这些贤能掌握权力而出现混乱。人们所说的贤能，指的是善良、正直的人；他们冠以善良、正直的名声，主要来自他们的朋党。君王听了他们的言论，以为他们很贤能；询问他的朋党，都夸赞他很贤能。因此君王不等到他们立下功劳就赏赐他

们，不等到他们犯罪就惩罚他们。出现这种情况，正好可以让贪官污吏们抓住机会做奸邪之事，而小人们也趁此机会做奸巧之事。君王任用这些所谓的贤能，从一开始就等于在官吏队伍中和百姓中埋下欺诈的种子，却满心希望他们为官能正直和诚实，这种事情根本不可能，即便是大禹也没有能力驾驭由这些人组成的十人小团队，那么平庸的君王们又何德何能去治理一个国家的百姓呢？那些结为朋党的人，君王还没来得及发布命令，他们就已经达到自己的目的。君王任用这样的人帮助自己治理国家，百姓就会背叛君王而私下里勾结。百姓背叛君王而私下里勾结，君王的权力必然被削弱而臣子的权力必然增大。君王在治理国家的过程中如果不明白这一点，不是被其他诸侯国所侵犯，就是被本国的百姓所推翻。受那些空谈的人的影响，无论是愚昧的还是聪明的人都纷纷效仿他们，大家都向空谈的人学习，那么百姓就不愿再脚踏实地地去做事而喜欢上空谈。百姓抛开做实事而喜欢上空谈，国家的实力就会减弱而流言蜚语就会随之增多。君王在治理国家的过程中如果不明白这一点，用这样的臣子和百姓去战场上作战必然会损兵折将，用这样的臣子和百姓去防守城池必然会把城池拱手送给敌方。

【原文】

故有明主忠臣产于今世，而散领其国者，不可以须臾①忘于法。破胜党任，节去言谈，任法而治矣。使吏非法无以守，则虽巧不得为奸；使民非战无以效其能，则虽险不得为诈。夫以法相治，以数相举。誉者不能相益，訾②言者不能相损。民

204

见相誉无益，习相爱不相阿③；见訾言无损，习相憎不相害也。夫爱人者不阿，憎人者不害。爱恶各以其正，治之至也。臣故曰：法任而国治矣。

【注释】

①须臾：片刻，表示时间短。②訾：诋毁。③阿：徇私。

【译文】

如果现在有圣明的君王和忠诚的臣子出现，他们要想治理好自己的国家，片刻不能忘掉法度。一定要铲除和战胜朋党、取缔空谈行为，依照法律治理国家。让官吏们必须明白除了法度没有其他可以依仗的，那么即便内心充满阴险的人也不敢做坏事；必须让百姓知道除了作战没有其他地方施展能力，那么即便内心充满奸诈的人也不敢做坏事。用法度治理国家，按照规章制度来用人。赞誉不会给人带来什么好处，诋毁也不会给人带来什么坏处。百姓看到相互赞誉不能带来实质性的好处，就会逐渐形成相亲相爱而不徇私的社会风气；看到诋毁不能给他人带来实质性的伤害，就会逐渐形成相互监督但不去损害他人的社会风气。喜爱某人，不对其徇私；憎恨某人，不去贬损他。爱人和憎人都是正常的表现形式，这就是治理国家的最高境界。所以我说：运用法度治理国家，国家就会政治清明。

【原文】

千乘能以守者，自存也；万乘能以战者，自完也。虽桀为主，不肯诎①半辞以下其敌。外不能战，内不能守，虽尧为

主，不能以不臣谐②所谓不若之国。自此观之，国之所以重、主之所以尊者，力也。于此二者本与力，而世主莫能致力者，何也？使民之所苦者无耕，危者无战。二者，孝子难以为其亲，忠臣难以为其君。今欲驱其众民，与之孝子忠臣之所难，臣以为非劫以刑，而驱以赏莫可。而今夫世俗治者，莫不释法度而任辩慧，后功力而进仁义，民故不务耕战。彼民不归其力于耕，即食诎于内；不归其节于战，则兵弱于外。入而食诎于内，出而兵弱于外，虽有地万里，带甲百万，与独立平原一贯③也。且先王能令其民蹈白刃，被矢石。其民之欲为之，非好学之，所以避害。故吾教令：民之欲利者，非耕不得；避害者，非战不免。境内之民，莫不先务耕战而后得其所乐。故地少粟多，民少兵强。能行二者于境内，则霸王之道毕矣。

【注释】

①诎（qū）：同"屈"，屈服。②谐：这里指讲和。③一贯：同样，一样。

【译文】

拥有一千辆兵车来守卫国家，可以独立存在；拥有一万辆兵车用来征战的国家，可以非常牢固。即便夏桀当君王，也不肯向敌人说半句示弱的软话。对外没有能力征战，对内没有能力守卫自己的国家，即便尧当君王，也不得不向不如自己的国家求和称臣。由此可见，国家要想受到重视，君王要想受到尊重，必须壮大自己的实力。提高国家和君王的地位，其根本在于实力，然而很多君王却没有尽力去做，这究竟是为什么呢？让百姓认为劳苦的事情无非是农耕，让百姓觉得危险的事情无非是作战。这两件事情，孝子难以为父亲做到，忠臣难以为君王做到。要想役使百姓，去做孝子、忠臣难以做到的事情，我个人认为，除非用刑罚来惩罚他们，用赏赐来激励他们，才可以实现。但是现在这些世俗的君王们，一个个都舍弃法度而去任用那些巧言善辩和有智慧的人，他们轻视功劳、实力而推行仁政，因此百姓不把全部精力投入到农耕和作战上。百姓不集中精力从事农耕，国内就缺乏粮食；不集中精力投入到作战上，对外的战斗力就弱小。国内缺乏粮食，对外战斗力弱小，即使拥有万里疆土、百万带甲的将士，国家就如同独自一人站在平原上一样。古代帝王能够让他统治的百姓踏过敌人的刀剑，冒着被敌方的弓箭射伤的危险和冒着被敌方的垒石砸伤的危险而去冲锋陷阵，难道他的百姓愿意这样做吗？并非是他们的百姓喜欢这样做，而是为了免于刑罚。所以我们要颁布法令：百姓要想获得利益，不农耕就没办法得到；要想免于刑罚，不去作战就不可能免除。这样的话，国内的百姓就会先致力于农耕和作战，然后才能得到他们想要的安乐。所以就出现田地少而粮食多的盛况，百姓少而兵力强的局面。能在国内将这两点严格执行下去，那么成就霸业的道路就已经铺就好了。

定分第二十六

【题解】

定分，就是确定名分。本篇讨论的是怎样保障法令快速普及、怎样彻底执行的问题。法令确立以后，应该由熟悉和了解法令的人进行推广和解释。法令具有权威性，有专门的人进行保管，不得随意修改和曲解其中的内容，全国上下设立与法令相关的官员。对于法令条文，需要做到清晰明了，这样的话便于百姓理解，就能起到人人知法、人人懂法、人人守法的效果。全国上下都知法懂法守法，法令的制约功能也就能够得到正常发挥，从而形成相互监督、人人都严于律己的局面，国家就能够大治。

【原文】

公问于公孙鞅曰："法令以当时①立之者，明旦欲使天下之吏民皆明知而用之，如一而无私，奈何？"

【注释】

①当时：指今日，与"明旦"相对应。

【译文】

秦孝公问商鞅说:"今天制定的法令,明天早上就想让全国的官吏和百姓都了解和执行,全国上下一视同仁而不会出现徇私的现象,该怎么做呢?"

【原文】

公孙鞅曰:为法令,置官吏。朴足以知法令之谓者,以为天下正①,则奏天子。天子若②,则各主法令之。皆降③,受命发官④,各主法令之。民敢忘行主法令之所谓之名,各以其所忘之法令名罪之。主法令之吏有迁徙物故⑤,辄⑥使学读法令所谓。为之程式⑦,使日数而知法令之所谓,不中程,为法令以罪之。有敢剟⑧定法令损益一字以上,罪死不赦。诸官吏及民,有问"法令之所谓也"于主法令之吏,皆各以其故所欲问之法令,明告之。各为尺六寸之符⑨,明书年、月、日、时、所问法令之名,以告吏民。主法令之吏不告,及之罪,而法令之所谓也,皆以吏民之所问法令之罪,各罪主法令之吏。即以左券予吏之问法令者,主法令之吏谨藏其右券木柙,以室藏之,封以法令之长印。即后有物故,以券书从事。

【注释】

①正:官吏。②若:同"诺",应允,答应。③降:这里指接受命令。④发官:赴任。⑤物故:亡故,去世。⑥辄:立即,立刻。⑦程式:规划。⑧剟(duō):刻写、删削,这里指修改。⑨符:古代朝廷用于传达命令、公文的凭证,盖有官

府印信。

【译文】

商鞅回答道：制定法令，设置与法令相关的官吏。对于能够深入了解法令内容的人，可以破格提拔他为官吏，并且呈报给天子。天子如果允许了，就把他们派到地方去负责主管和向百姓宣传法令。他们走下台阶，接受委任奔赴全国的各个地方，各自担当起推广和维护法令尊严的责任。百姓要是有谁敢忘记遵守法令中的某项规定，就使用他所忘记的某条法令去惩罚他。那些主管和宣传法令的官吏如果升迁、调动或死亡，就先让继任者深入学习法令的各项内容。给他做出硬性规定，几天内必须熟练掌握法令的内容，如果没有按照先前的规定完成任务，就用他所忘记的法令内容惩罚他。为了维护法令的威严性，有谁胆敢修改法令一个字以上的，必须处以死罪，绝对不能赦免。大小官吏及百姓，无论是谁向主管法令的官吏询问法令的内容，主管法令的官吏不得推脱，必须针对他们的疑问，给予明确的答复。不仅如此，还要制作一个一尺六寸的符信，上面清楚写出年、月、日、时辰及所询问的法令内容，以此用来告知询问的官吏或百姓。主管法令的官吏不告知询问者，如果百姓犯了罪，恰好又是他所询问的那一条，就按照询问者所询问的那一条来惩罚主管法令的官吏。主管法令的官吏写好符信，把左券给询问法令的官吏，右券谨慎地放入木盒中，保存在专门用于存档的屋子内，并用主管法令的官吏的印封上。就算以后主管法令的官吏去世了，也可以按照符信办事。

【原文】

法令皆副①，置一副天子之殿中，为法令为禁室，有键钥②，为禁③而以封之，内藏法令一副禁室中，封以禁印。有擅发④禁室印，及入禁室视禁法令，及禁剟一字以上，罪皆死不赦。一岁受⑤法令以禁令。

【注释】

①副：副本。②键钥：锁匙。③禁：封禁，相当于封条。④发：打开，开启。⑤受：通"授"，授予，交给。

【译文】

每一条法令都有副本，把一份副本放置在天子的宫殿中，专门为法令辟一间禁室，用锁匙锁好，再制作专门的封条把禁室封存起来，法令的副本就藏在禁室内，用封泥封好。有谁胆敢擅自打开禁室的封印，进入禁室偷看存放在禁室内的法令，以及修改禁室内的法令的一个字以上的，就是死罪，绝对不能赦免。每年一次，把禁室内所藏的法令颁布给官吏。

【原文】

天子置三法官：殿中置一法官，御史置一法官及吏，丞相置一法官。诸侯、郡、县皆各为置一法官及吏，皆此秦一法官。郡、县、诸侯一受赍①来之法令，学问并所谓。吏民知法令者，皆问法官。故天下之吏民，无不知法者。吏明知民知法令也，故吏不敢以非法遇②民，民不敢犯法以干法官也。遇民

不修③法，则问法官，法官即以法之罪告之，民即以法官之言正告之吏。吏知其如此，故吏不敢以非法遇民，民又不敢犯法。如此，天下之吏民虽有贤良辩慧，不能开一言以枉法；虽有千金，不能以用一铢④。故知诈贤能者皆作而为善，皆务自治奉公。民愚则易治也，此所生于法明白易知而必行。

【注释】

①赍：送。②遇：对待。③修：遵循。④铢：古代重量单位，二十四铢为一两。

【译文】

　　天子要设置三个法官：君王与群臣议事的宫殿中设置一位法官，御史中设置一个法官，丞相中设置一位法官。下面的诸侯、郡、县也为他们统一设置一位法官及法吏，全部都按照我们秦国首都的模式进行设置。郡、县、诸侯的法官一旦收到朝廷送来的法令，立即组织学习并考核法令内容的掌握情况。官吏和百姓要想知道法令都讲了些什么，就要向法官询问。这样的话，天下的官吏和百姓，就都知道法令的内容了。官吏明白法令，百姓懂得法令，官吏也就不敢以非法的手段去对付百姓，百姓也不敢以犯法的方式来触犯法官。官吏对待百姓的过程中不遵循法令，百姓就可以去询问法官，法官有责任和义务把法令中规定的罪行告诉百姓，百姓就可以用从法官那里了解到的法令中的惩罚来警告官吏。官吏事先知道会有这样的结果，所以官吏也就不敢用非法的手段对待百姓，百姓知道犯法的后果也就不敢犯法。这样的话，天下的百姓和官吏，即便是那些贤能的人、善辩的人和狡猾的人，也不敢说一句有违法令的话；即便富到拥有千金，也不敢有违法令多使用一铢钱。因此聪明的人、狡诈的人、贤能的人都纷纷改变先前的想法转而去做好事，他们都严于律己、服从国家的法令。百姓愚昧易于统治，这是因为法令明白易懂，他们知道触犯法令的后果很严重，就一定会严格遵守。

【原文】

法令者，民之命也，为治之本也，所以备民①也。为治而去法令，犹欲无饥而去食也，欲无寒而去衣也，欲东而西行也，其不几②亦明矣。一兔走，百人逐之，非以兔为可分以为百，由名之未定也。夫卖兔者满市，而盗不敢取，由名分已定也。故名分未定，尧、舜、禹、汤且皆如骛③焉而逐之；名分已定，贪盗不取。今法令不明，其名不定，天下之人得议之。其议，人异而无定。人主为法于上，下民议之于下，是法令不定，以下为上也。此所谓名分之不定也。夫名分不定，尧、舜犹将皆折④而奸之，而况众人乎？此令奸恶大起，人主夺威势，亡国灭社稷之道也。今先圣人为书，而传之后世，必师受⑤之，乃知所谓之名；不师受之，而人以其心意议之，至死不能知其名与其意。故圣人必为法令置官也，置吏也，为天下师，所以定名分也。名分定，则大诈贞信，巨盗愿悫⑥，而各自治也。故夫名分定，势治之道也；名分不定，势乱之道也。故势治者不可乱，势乱者不可治。夫势乱而治之，愈乱；势治而治之，则治。故圣王治治，不治乱。

【注释】

①备民：保民。②几：近。③骛：疾驰，迅速。④折：弯曲，曲折。⑤受：通"授"。⑥愿悫：老实，诚实。

【译文】

法令，是对百姓的命令，是治理国家的根本，是用来保卫百姓的工具。治理国家要是抛开法令，就像不希望挨饿却抛弃粮食、不愿受冻却抛弃衣服一样，就像想去东方而向西方走一样，显然这种行为是没有任何希望的。一只兔子在前面奔跑，一百个人在后面紧追不舍，并不是因为抓住兔子后每个人都可以分到百分之一，是因为兔子的所有权没有得到确定。市场上到处都是卖兔子的人，而盗贼却不敢偷窃兔子，是因为兔子的所有权已经确定。因此当事物的所有权没有明确以前，即便是尧、舜、禹、商汤也会急切地加入到追逐的行列；当所有权确定以后，即便是贪婪的盗贼也不敢偷窃。现在法令不明确，条款不固定，天下的百姓就会品头论足。他们品头论足，就因没有给出定论而造成的。君王位居权力的最上层为国家制定法令，百姓位于最底层议论纷纷，这是因为法令没有确定，从而造成百姓代替君王去议论法令的局面。这就是所谓的名分不确定。当名分不确定时，尧、舜都有可能走上邪路去做坏事，更何况我们普通人呢？这样的话，就使得奸邪大行其道，君王的权威就失去了，国家社稷就走上了灭亡的道路。如今，面对流传于世的古代圣人的著作，必须让老师教授，才能学习到书中的真正内容；不让老师教授，每一个人都按照自己的方法去解读，到死也不会明白书中文字的真正含义。因此圣人必须为法令设置专门的法官，他们就是天下人的老师，主要目的就是确定法令的名分。名分确定以后，即便是奸诈的大骗子也变得正直诚实，即便是大盗贼也变得诚实谨慎，他们都是因法令的名分确定之后都能严于律己。因此，确定法令的名分，是必然安定的基本方法；不确定法令的名分，必然混乱就不会得到有效治理。因此必然安定就不可能混乱，必然混乱就不可能安定。用必然混乱的方法去治理国家，只能使国家更加混乱；用必然安定的方法去治理国家，国家才会更加安定。因此英明的君王用必然安定的方法来治理国家，不会使用必然混乱的方法来治理国家。

【原文】

夫微妙意志之言，上知①之所难也。夫不待法令绳墨而无不正者，千万之一也。故圣人以千万治天下，故夫知者而后能知之，不可以为法，民不尽知。贤者而后知之，不可以为法，民不尽贤。故圣人为法，必使之明白易知，名正，愚知遍能知之。为置法官，置主法之吏，以为天下师，令万民无陷于险危。故圣人立，天下而无刑死者，非不刑杀也，行法令，明白易知，为置法官吏为之师，以道②之知。万民皆知所避就③，避祸就福，而皆以自治也。故明主因治而终治之，故天下大治也。

【注释】

①知：通"智"，才智，智慧。②道：通"导"，引导。③就：靠近。

【译文】

微妙且只可意会的言论，即便是上等才智的人理解起来也很艰难。不经过法令进行规范，行为端正不会出差错的人，千万人中才会有一个。圣人治理天下是针对千万普通人的，凡是聪明者先理解以后再教授给别人的东西，不能用作法令，因为百姓并非个个都是聪明的人。凡是贤能先理解以后再教授给别人的东西，不能用作法令，因为百姓并非个个都是贤能的人。因此圣人制定法令时，一定要明白易懂，确定名分后，无论是愚蠢的人还是聪明的人都能够理解。设置法官，设置主管法令的官吏，主要目的就是让这些人做天下百姓的老师，可以使百姓不至于陷入触犯法令的危险境地。因此圣人治理天下时，天下没有出现因触犯法令而被杀的人，不是不去使用刑罚，而是推行的法令，人人都能看得懂，又有专门为百姓设置的法官、法吏作为他们的老师，帮助和引导他们深入理解国家推行的各项法令。这样一来，百姓对法令烂熟于心，知道该远离什么、该靠近什么，于是便都能够避祸得福，就都能够严于律己。因此圣明的君王以百姓严于律己的处世准则为基础，最终使国家得到治理，所以天下也就大治了。